Heike Niemoeller

SCHLANK
& SCHÖN

BEAUTY
—
FOOD

DEIN LEICHTER EINSTIEG IN DIE
GESUNDE ERNÄHRUNG

MIT **50** WOHLFÜHLREZEPTEN
AUS DEM THERMOMIX

EMF

EIN BUCH DER
EDITION MICHAEL FISCHER

INHALT

glutenfrei

vegan

VORWORT

Ich bin keine studierte Ernährungsexpertin, beschäftige mich aber schon seit Jahren mit gesunder Ernährung. Welche Vitamine stecken im Gemüse und welche Pflanzenstoffe wirken sich positiv auf den Organismus aus? All diese Fragen finde ich sehr interessant und es ist spannend zu beobachten wie sich der Körper verändert, wenn man sich gezielt ernährt.

Unsere Ernährung ist maßgeblich für unsere Konstitution, wie wir uns fühlen, wie unsere Haut, Haare und Nägel aussehen. Das heißt, wir können unser Wohlbefinden durch eine gezielte Ernährung verbessern, uns gesund und schön essen. Du zweifelst noch? Dann habe ich ein ganz einfaches Selbstexperiment für dich. Trinke sechs Wochen lang täglich zwei Liter Wasser. Das kostet so gut wie nichts und der Erfolg wird dich umhauen. Deine Haut wird praller, Augenringe werden blasser und du wirst dich fitter fühlen.

Wenn sich mit einfachem Wasser solche Erfolge erreichen lassen, kannst du dir sicher vorstellen, was Vitamine, Spurenelemente und Mikronährstoffe mit deinem Körper anstellen werden. Sie haben das Potenzial dich zum Strahlen zu bringen. Nicht nur äußerlich, sondern auch von innen. Eine ausgewogene Ernährung, die deinen Körper mit allem versorgt, was er braucht, macht zufrieden und glücklich. Das Hungergefühl stellt sich um. Das Verlangen, ständig etwas zu naschen, geht zurück, denn der Körper bekommt die Nährstoffe, die er braucht.

Noch ein Hinweis zu meinen Rezepten. Ich nutze in meinen Rezepten keine Light-Produkte oder sonstigen Diätlebensmittel. Zum einen finde ich, dass sie logischerweise weniger sättigen, und zum anderen enthalten sie oft andere Zusätze.

Schau dir beim Einkaufen die Inhaltsstoffe ganz genau an. Hier gilt, je weniger Zutaten enthalten sind, desto besser. Achte darauf, dass dir die Werbung keinen Bären aufbindet, denn viele Light-Produkte sind mit Zucker versetzt. Oft ist Zucker auch nicht so leicht zu erkennen, denn es gibt viele Namen für die Kalorienbombe. Malzextrakt, natürliche Süße aus Früchten, Fruktose oder Melasse klingen gleich viel gesünder, sie sind es aber nicht.

Jetzt aber genug von Inhaltsstoffen, hier geht es um Wohlfühlrezepte und nicht um Biochemie. Ich wünsche dir ganz viel Spaß beim Kochen!

Deine Heike Niemoeller

Basics

MEHR WISSEN, UM WENIGER ZU WIEGEN: AUSFÜHRLICHES HINTERGRUNDWISSEN ZU JO-JO-EFFEKT, HEISSHUNGER UND WOHLFÜHLGEWICHT ERLEICHTERN DIR DEN EINSTIEG IN EINE GESUNDE ERNÄHRUNG.

SCHLANK & SCHÖN ESSEN

Du möchtest dich gern bewusst ernähren und dein Gewicht unter Kontrolle halten, hast aber keine Lust auf Verbote? Dann mach dein Essen zum Teil deines Schönheitsprogramms. Denn das Geheimnis von „Schlank & schön" liegt darin, nicht weniger zu essen, sondern das Richtige. Richtig gut essen und dabei Körper, Haut und Haare wirkungsvoll von innen zu pflegen. Vitalstoffe schützen vor freien Radikalen und sorgen für straffe Haut, starke Nägel, kräftiges Haar und einen fitten Körper.

Wer auf kurzfristige Crash-Diäten baut, setzt seinen Körper unnötig unter Stress, denn sie sind wirkungslos und ungesund. Mit den „Schlank & schön"-Rezepten triffst du die richtige Wahl! Unsere Gerichte mit Beauty-Faktor schenken dir nicht nur Schönheit von innen, sondern auch löffelweise puren Genuss!

Der Schlüssel zum Erfolg für eine gesunde Ernährung liegt also nicht im Hungern oder einer geringen Nahrungsaufnahme. Die erfolgreiche Methode für einen gesunden und fitten Körper lautet, sich ausgewogen zu ernähren. So kannst du am besten dein Idealgewicht halten. Das bedeutet jedoch nicht, dass du nun jedes Lebensmittel unter die Lupe nehmen musst. Frische Zutaten wie knackiges Obst und Gemüse, vollwertiges Getreide und gute Fette sind die Geheimwaffen. Eine bewusste Ernährung heißt ganz einfach, sich in Balance ausgewogen zu ernähren. Dank der wertvollen Nährstoffe bleibst du lange satt und Heißhungerattacken bleiben aus – so steht der Idealfigur nichts mehr im Wege.

WIE VIELE KALORIEN BRAUCHE ICH TÄGLICH?

Mit der täglichen Nahrung muss dem Körper so viel Energie geliefert werden, damit der tägliche Bedarf gedeckt ist. Das bedeutet, alle wichtigen Organ- und Zellfunktionen aufrechtzuerhalten und darüber hinaus noch genügend Energie für die tägliche Arbeit zur Verfügung zu haben. Die Energie wird in Kilokalorien (kcal) – umgangssprachlich Kalorien – gemessen. Isst du mehr, als dein Körper verbraucht, wird die überschüssige Energie in Fett umgewandelt und im Fettgewebe gespeichert – Übergewicht ist die Folge.

Wie viele Kalorien beziehungsweise wie viel Energie der Körper verbraucht, variiert von Mensch zu Mensch und hängt auch von der körperlichen Aktivität ab. Die DGE (Deutsche Gesellschaft für Ernährung) empfiehlt bei geringer körperlicher Aktivität eine tägliche Energiezufuhr von 1.800 kcal für Frauen und 2.300 kcal für Männer im Alter von 25–51 Jahren.

Alter	körperliche Aktivität in kcal/Tag			
	Ruheenergieverbrauch kcal/Tag		Richtwerte für die Energiezufuhr kcal/Tag (PAL-Wert 1,4)*	
	m	w	m	w
15 bis unter 19 Jahre	1.850	1.430	2.600	2.000
19 bis unter 25 Jahre	1.730	1.370	2.400	1.900
25 bis unter 51 Jahre	1.670	1.310	2.300	1.800
51 bis unter 65 Jahre	1.580	1.220	2.200	1.700
65 Jahre und älter	1.530	1.180	2.100	1.700

D-A-C-H-Referenzwerte für die tägliche Nährstoffzufuhr (2015)

*Unter Berücksichtigung der Referenzmaße von Körpergröße und -gewicht. Die angegebenen Werte gelten bei ausschließlich sitzender Tätigkeit mit wenigen oder ohne Anstrengungen in der Freizeit. Körperlicher Aktivitätslevel (physical activity level) gibt das Maß für die körperliche Aktivität an.
PAL-Wert = 1,4 (Ruheenergie × 1,4).
Für andere Aktivitätslevel gelten folgende PAL:
Ruheenergie × 1,6–1,7: überwiegend sitzend, wenig/keine Anstrengung in der Freizeit
Ruheenergie × 1,8–1,9: überwiegend gehend und stehende Arbeit
Ruheenergie × 2,0–2,4: körperlich anstrengende Arbeit/anstrengende Freizeitaktivität

DER GESAMTENERGIEVERBRAUCH

Der Energiebedarf jedes Menschen ergibt sich aus dem Grundumsatz und dem Leistungsumsatz. Der Grundumsatz umfasst unsere grundlegenden Leistungen wie Atmung und die Tätigkeit des Herzmuskels oder der Nerven. Auch bei völliger Ruhe, also ebenso im Schlaf, fällt der Grundumsatz an. Der Leistungsumsatz ist jegliche Energie, die über den Grundumsatz hinaus benötigt wird, etwa durch Bewegung, Verdauung oder Wachstum.

Wie viel Energie du täglich verbrauchst, hängt also unter anderem von deiner körperlichen Aktivität ab. Wer Sport treibt, verbraucht mehr Kalorien. Denn durch sportliche Bewegung erhöht sich nicht nur der Leistungsumsatz, sondern auch der Grundumsatz. Das liegt daran, dass Muskeln einen wesentlich höheren Energieverbrauch haben und stoffwechselaktiver sind als Fettgewebe. Letzteres dient vor allem als Depot für Energiereserven. Menschen mit gut entwickelter Muskulatur haben somit einen deutlich höheren Grund- und Leistungsumsatz (Gesamtenergieverbrauch) als Menschen mit wenig Muskulatur. Aber keine Sorge, du musst nicht zum Bodybuilder werden – es reicht bereits aus, wenn du dich zwei- bis dreimal die Woche bewegst. Mehr Tipps zum Thema Bewegung findest du ab Seite 50.

Was ist nun zu dick und was ist normal? Und was ist das Idealgewicht? Sicherlich gibt es hierzu unterschiedliche Meinungen.

Wichtig ist es, dass du dein eigenes Wohlfühlgewicht findest, und das müssen keine Modelmaße sein. Und schlank bedeutet auch nicht automatisch gesund und dick nicht unbedingt krank. Aber ein Zuviel, ebenso wie ein Zuwenig können die Gesundheit gefährden. Gerade Übergewicht und Adipositas (Fettsucht) sind bedeutende Risikofaktoren für zahlreiche Erkrankungen wie Bluthochdruck, Diabetes, erhöhte Blutfettwerte und Gefäßerkrankungen. Deshalb ist es sinnvoll, zu klären, ob die Energiezufuhr durch die Nahrung dem tatsächlichen Bedarf entspricht. Das lässt sich leicht aus dem Körpergewicht ablesen. Dafür gibt es ganz unterschiedliche Methoden, wie zum Beispiel den Body-Mass-Index (BMI).

Der BMI basiert auf wissenschaftlichen Untersuchungen und gibt den Gewichtsbereich an, der für eine bestimmte Körpergröße die höchste Lebenserwartung bietet sowie das kleinste Risiko für ernährungsbedingte Krankheiten. Der BMI errechnet sich nach folgender Formel:

Körpergewicht in Kilogramm geteilt durch Körpergröße in Meter zum Quadrat.

Demnach beträgt der BMI beispielsweise bei einer Frau mit einer Körpergröße von 1,70 m und einem Gewicht von 65 kg:

$65 : (1,70 \times 1,70) = 22,49$

Das liegt im Normbereich.

Bereich	Frauen	Männer
Untergewicht	< 19	< 20
Normalgewicht	19–24	20–25
Übergewicht	24–30	25–30
starkes Übergewicht	30–35	30–35
Adipositas	> 40	> 40

(Quelle: DGE)

WIE KOMMT ES ZU ÜBERGEWICHT?

Eine klassische Erklärung ist die der positiven Energiebilanz. Essen wir mehr, als wir verbrauchen, wird die überschüssige Energie in Fett umgewandelt und im Fettgewebe gespeichert. Meist führt eine Kombination aus einer zu kalorienreichen Ernährung und Bewegungsmangel zu Übergewicht.

Übergewicht muss aber nicht unbedingt Folge von zu viel Nahrung sein. Auch die Qualität der Nahrung ist wichtig: Vollwertige, ballaststoffreiche, gut gekaute und damit ausreichend „vorverdaute" Lebensmittel werden besser vom Körper genutzt und verstoffwechselt – sie machen deshalb weniger dick. Fertig- oder Halbfertiggerichte enthalten meist Geschmacksverstärker, Aromastoffe und weitere Zusatzstoffe, die den Körper und den Stoffwechsel negativ beeinflussen. Stehen zu viele dieser verarbeiteten Lebensmittel auf dem Speiseplan, kann dies nicht nur zu Übergewicht, sondern darüber hinaus zu Allergien, Nahrungsmittelunverträglichkeiten und Stoffwechselkrankheiten führen.

VORSICHT MIT DIÄTEN UND WARUM SIE ZUM SCHEITERN VERURTEILT SIND!

Wenn du allerdings meinst, dein Gewicht durch regelmäßige  Diäten reduzieren zu können, dann irrst du dich. Wenn der Körper keine Nahrung mehr bekommt, glaubt er, eine Hungersnot stünde bevor. Der Körper fängt an, von den Reserven zu zehren. Als Erstes werden die Zuckerreserven abgebaut. Dabei geht viel Flüssigkeit in Form von Wasser verloren. Daher ist der Erfolg in den ersten Tagen immer vielsprechend, meist werden rund zwei bis drei Kilo abgenommen. Anschließend geht es an die Fettdepots und das Muskeleiweiß. Während der Verlust der Fettpolster wünschenswert ist, wirkt der Muskelabbau wie eine Bremse und erschwert die Gewichtsreduktion. Denn jedes verlorene Gramm Muskeln ist ein effektiver Brennofen weniger für die Fettzellen. Der Fettabbau läuft nun sehr langsam ab. Und es wird mit jedem Tag schwieriger, mehr Gewicht zu verlieren. Sobald das Wunschgewicht erreicht ist und wieder normal gegessen wird, wird alles, was über die bisher zugeführte Energie hinausgeht, sofort vom Körper gespeichert, um für die nächste Hungerperiode gerüstet zu sein.

ÜBERGEWICHT ALS NORMALZUSTAND?

Laut der Deutschen Gesellschaft für Ernährung (DGE) nimmt die Zahl der Übergewichtigen in Deutschland weiter zu. 59 Prozent der Männer und 37 Prozent der Frauen sind übergewichtig. Mittlerweile sind überflüssige Pfunde bei Berufstätigen sogar der Normalzustand. Am Ende des Berufslebens sind 74 Prozent der Männer und 56 Prozent der Frauen übergewichtig.

DER JO-JO-EFFEKT!

Nach einer erfolgreichen Diät dauert es meist nicht lange und die geschmolzenen Pfunde sind wieder an Hüften, Bauch und Po zu finden. Zu allem Überfluss zeigt die Waage anschließend noch mehr an als vor der Diät.

Sobald das Wunschgewicht erreicht ist, kehren viele wieder zu ihren ursprünglichen Essgewohnheiten zurück. Das ist das Startzeichen für den Körper, die vermissten Nährstoffe zurückzuholen und für spätere Notzeiten zu speichern. Das Gewicht schnellt rasant nach oben. Bei häufigen Diäten ergibt sich so ein ständiges Auf und Ab an Gewicht – der Jo-Jo-Effekt lässt grüßen. Wer einmal mit dem Abnehmen angefangen hat, gerät in einen Teufelskreis, aus dem es schwierig ist wieder herauszukommen. Denn durch wiederholtes Fasten nimmt das Körpergewicht nicht ab, sondern man hungert sich dick.

Die beste Anleitung für deine Wunschfigur ohne Diät ist, das Kalorienzählen zu streichen und sich langfristig an gesunden Gerichten satt zu essen. Dann darf es auch etwas mehr sein an feinem Essen, das dich besser aussehen lässt und dazu köstlich schmeckt. Das sorgt automatisch für deine Traumfigur.

OHNE ABENDESSEN INS BETT?

Dinner Cancelling, also nach 18 Uhr nichts mehr zu essen, gilt als Geheimtipp zum Abnehmen. Allerdings zeigt sich in der Praxis die schwierige Umsetzbarkeit. Denn wer nachmittags die letzte Mahlzeit isst, der schläft nachts schlecht, weil ihn der Hunger plagt, und das Frühstück am nächsten Morgen fällt dann doch größer aus als geplant.

Wer tagsüber ausgewogen isst und nicht um Mitternacht mit Heißhunger den Kühlschrank plündert, kann es ausprobieren. Allerdings solltest du höchstens einmal pro Woche das Abendessen ausfallen lassen.

Sicher hast du auch schon öfter einmal erlebt, dass du vor lauter Stress übersehen hast, rechtzeitig zu essen. Der anfängliche kleine Hunger wird dabei immer größer und hat sich auf einmal zum Heißhunger entwickelt.

Auch wer Mahlzeiten gezielt auslässt, verspürt früher oder später einen unbändigen Bärenhunger. Oftmals greift man dann aufgrund von Zeitmangel oder fehlender Mahlzeitenplanung auf besonders fett- und energiereiche Nahrungsmittel wie Fast Food, Sandwiches oder süßes Gebäck zurück. Der Blutzuckerspiegel schnellt in die Höhe. Daraufhin schüttet der Körper viel Insulin aus, um den Zucker rasch aus dem Blut in die Zellen zu schleusen. Sobald das Insulin seine Arbeit verrichtet hat und einen Zuckermangel meldet, droht der nächste Heißhungeranfall. Das führt zu einem Teufelskreis. Das Schlimme am Heißhunger ist aber nicht nur die unkontrollierte Aufnahme von ungesunder Nahrung, sondern dass die aufgenommene Nahrung noch schneller im Fettgewebe landet.

WIE MELDET DER KÖRPER, DASS ER SATT IST?

Schon kurz nach dem Beginn des Essens melden Rezeptoren an Magen und Darm, die auf Dehnung und Nährstoffe reagieren, die ersten Signale. Essen kommt. Dann dauert es nicht lange, bis alle Nährstoffe ins Blut gelangen. Das Sättigungsgefühl tritt jedoch nicht sofort ein, sondern erst nach etwa 15 bis 20 Minuten – diese Zeit brauchen die Regulationsmechanismen, um entsprechend zu reagieren. Wer Lebensmittel mit einem hohen Kalorien- und Fettgehalt hastig hinunterschlingt, gibt dem Körper also keine Chance, rechtzeitig zu melden: Ich bin satt. Der Mensch isst zu viel, was langfristig zu Übergewicht und einem Stoffwechselungleichgewicht führt. Es lohnt sich also, Zeit fürs Essen einzuplanen und das Sättigungsgefühl abzuwarten.

DIE ROLLE DER HORMONE

Nahrungsaufnahme und Körpergewicht des Menschen werden durch komplexe Prozesse gesteuert. Bekannte Botenstoffe sind beispielsweise das Hormon Leptin, das das Sättigungsgefühl unterdrückt, und Ghrelin, das das Verlangen nach Essen ankurbelt. Ein wichtiger Regulator für Hungergefühle ist der Blutzuckerspiegel. Fällt er unter einen bestimmten Wert, werden das

Hungerzentrum und Sättigungszentrum im Hypothalamus, dem Zwischenhirn, aktiviert – sie melden dem Körper über die Ausschüttung bestimmter Botenstoffe Hunger. Nach dem Essen steigt der Blutzuckerspiegel an. Das Hormon Insulin wird ausgeschüttet. Es sorgt dafür, dass die hohe Zuckerkonzentration im Blut abgebaut wird, und signalisiert gleichzeitig, dass genügend Energie aufgenommen wurde. Insulin hat somit einen appetithemmenden Effekt.

RICHTIG SATT WERDEN

Wie lange du satt bleibst, hängt von der Zusammensetzung der Nahrung ab. Sinnvoll ist die Kombination von eiweißreichen Lebensmitteln und komplexen Kohlenhydraten mit einem hohen Anteil an Ballaststoffen. Das sind weitestgehend unverdauliche Nahrungsbestandteile, die vor allem in Vollkornprodukten, Obst, Gemüse, Salat und Hülsenfrüchten stecken.

Komplexe Kohlenhydrate, die aus vielen Zuckerbausteinen aufgebaut sind, werden langsam abgebaut und gelangen so nach und nach ins Blut. Sie erhöhen den Blutzuckerspiegel nur langsam. Einfache Kohlenhydrate aus Zucker oder Stärke sind zwar schnelle Energielieferanten, da sie schnell in den Blutkreislauf wandern, allerdings sinkt der Blutzuckerspiegel ebenso schnell wieder ab. Die Folge: Müdigkeit und Leistungsabfall.

Eiweiße hingegen sorgen für ein anhaltendes Sättigungsgefühl. Die richtige Mischung macht's also: Vollkornnudeln mit viel Gemüse oder Salat, dazu mageres Fleisch oder Fisch. Vegetarier kombinieren dazu Bohnen, Linsen, Tofu oder Käse.

Deshalb gilt: Regelmäßig essen und zwischen den Mahlzeiten keine zu langen Pausen einlegen. Sonst besteht die Gefahr, dass sich der kleine Hunger zum Heißhunger entwickelt – auf den du mit einer unkontrollierten Nahrungsaufnahme reagierst.

BIN ICH HUNGRIG ODER HABE ICH NUR APPETIT?

Das Gefühl, Hunger zu haben, kennt jeder. Beim bloßen Gedanken an Schokolade oder Chips läuft einem das Wasser im Munde zusammen. Doch es besteht ein entscheidender Unterschied zwischen Hunger und Appetit. Das Verlangen nach bestimmten süßen oder herzhaften Snacks hat mit dem echten Hunger nichts zu tun. Denn Hunger ist ein lebenswichtiges Signal des Körpers, wenn er nach Nährstoffen verlangt. Er gehört zu den Urtrieben der Menschen und unterliegt einem Rhythmus. Meist hat man morgens Hunger und dann wieder vier bis sechs Stunden nach der letzten Mahlzeit. Appetit dagegen ist die angenehme Seite des Essens – die Lust auf bestimmte Speisen, auch wenn wir bereits satt sind.

Wenn du zu Heißhunger neigst, solltest du deine Mahlzeiten regelmäßig über den Tag verteilen und auf reichlich Ballaststoffe achten. Diese sind vor allem in Vollkornprodukten, Hülsenfrüchten, Obst und Gemüse enthalten. Währenddessen solltest du viel trinken, wie beispielsweise mit Zitrone oder Minze aromatisiertes Wasser, grünen Tee oder Mineralwasser, damit die Ballaststoffe quellen können und für eine gute Sättigung sorgen.

Wenn sich der berühmte kleine Hunger trotzdem zwischendurch meldet, kein Problem! Jetzt solltest du einen gesunden Snack zur Hand haben, bevor der Heißhunger überhandnimmt und du in die Kalorienfalle tappst.

Gesunde Powersnacks sind kalorienarm und versorgen dich mit ausreichend Energie. So bist du gewappnet für das Nachmittagstief und kommst fit durch den restlichen Tag. Nimm dir Zeit beim Essen und genieße den Snack, damit das Sättigungsgefühl einsetzen kann. Denn auch gesunde Snacks können irgendwann für ein Zuviel auf der Waage sorgen.

Snackideen für den gesunden Energieschub:

» 1 Apfel oder 1 Birne + 1 Portion Hüttenkäse
» 1 Portion Hummus + Gemüsesticks wie Möhre, Paprika oder Gurke
» 1 Becher Naturjoghurt (1,5 % Fett) + 1 Handvoll Heidelbeeren
» 1 Banane + 2 Stücke Bitterschokolade
» selbst gemachte Fruchtbuttermilch oder -kefir
» 1 Scheibe Vollkornbrot mit 2 TL Mandel- oder Erdnussmus
» 1 Handvoll Mandeln + 3 getrocknete Aprikosen oder Datteln
» 1 Handvoll Studentenfutter
» 1 grüner Smoothie (aus Grünkohl, Spinat oder Feldsalat mit Gurke, Tomate, Apfel oder Birne, der Gemüseanteil sollte stets überwiegen)
» 2 Scheiben Vollkornknäckebrot + 1 gekochtes Ei + Salatblatt

WELLNESS-TURBOS

Jeder kennt den Spruch „Wahre Schönheit kommt von innen". Das bekannte Sprichwort darf wörtlich genommen werden. Wer sich täglich von Fast Food, Süßigkeiten & Co. ernährt, wird früher oder später feststellen, dass er sich müde und schlapp fühlt und das Hautbild fahl und älter erscheint.

Verabschiede dich von schlechtem Essen wie Pizza, Burger & Co. Fast Food wird nicht umsonst „Junkfood" genannt, denn „Junk" bedeutet übersetzt „Müll". Wie ungesund dieser Müll für deinen Körper sein kann, wird oft unterschätzt. Übergewicht und eine Vielzahl der heutigen Zivilisationskrankheiten resultieren aus einem einseitigen Ernährungsverhalten und einem übermäßigen Konsum von nährstoffarmen Fertiggerichten.

Wenn du deinen Körper dagegen mit vitalstoffreicher, frischer Kost versorgst, dann siehst du jünger aus, hast weniger Falten und eine straffere Haut. Die darin enthaltenen Vitalstoffe wie Vitamine, Mineralstoffe und Spurenelemente sowie sekundäre Pflanzenstoffe sind die zündenden Funken für deinen Körperstoffwechsel. Die Kraftpakete aus der Natur – wie frisches Obst und Gemüse, vollwertiges Getreide und hochwertige Öle – verpackt in köstlichen Gerichten, sorgen für strahlendes Aussehen, glänzende Haare und einen fitten Körper.

Du kannst deinem Körper täglich etwas Gutes tun, indem du gesunde und frische Lebensmittel mit Schönheits-Booster auf deine Einkaufsliste setzt.

HAUT

Die Haut erneuert sich alle 28 Tage vollständig. Sie bildet neue, junge Zellen und stößt ältere, verhornte ab. Gleichzeitig muss die Haut schädigende Einflüsse aus der Umwelt wie Sonnenstrahlen, Luftverschmutzung, Nikotin, Alkohol, aber auch zu viel Stress und zu wenig Schlaf abwehren. Dabei entstehen aggressive Sauerstoffverbindungen, sogenannte freie Radikale, die unsere Körperzellen angreifen und schwächen. Entstehen freie Radikale im Übermaß, können sie den Alterungsprozess beschleunigen und zur Entstehung von Krankheiten, wie Herz-Kreislauf-Erkrankungen und Krebs, beitragen. Eine wirksame Waffe gegen vorzeitige Hautalterung sind unter anderem Antioxidantien, die die freien Radikale in Schach halten können.

Folgende Beauty-Assistenten unterstützen dich für ein dauerhaft strahlendes Aussehen:

Die fettreiche **Avocado** besteht zu einem Viertel aus Fett, sie ist aber alles andere als ein Dickmacher. Denn die Powerfrucht liefert wertvolle gesunde Fettsäuren. Vor allem die sogenannten Omega-3-Fettsäuren beeinflussen den Cholesterinspiegel günstig und schützen die Gefäße. Obendrein sorgen sie für eine geschmeidige Haut. Das Enzym Lipase hilft dabei, Fettpolster im Körper abzubauen. Reichlich Vitamin E für den Zellschutz ist ein Wundermittel gegen Hautalterung. Das sogenannte Hautvitamin nährt die Haut, regt die Regeneration von Hautzellen an und beugt Pigmentflecken vor.

Sojabohnen sind nicht nur ein wertvoller pflanzlicher Eiweißlieferant, sie haben auch einen verjüngenden Effekt. Phytoöstrogene, Substanzen mit einer natürlichen Östrogenwirkung, schützen die Zellen vor freien Radikalen. Besonders wirksam sind die Phytoöstrogene in Kombination mit Vitamin C und E. Soja stärkt das Bindegewebe, es kann mehr Flüssigkeit eingelagert werden. Das Gewebe wird fester und die Haut straffer.

Der Anti-Aging-Star ist zudem ein Schlankmacher: Um das Eiweiß zu verwerten, holt sich der Körper Energie aus den Fettdepots. Die große Vielfalt von Sojaprodukten, wie Tofu, Tempeh (fermentierte Sojabohnen), Sojagranulat oder Sojadrink, aber auch Edamame – grüne unreife Sojabohnen – , kannst du vielseitig in deinen täglichen Speiseplan einbauen.

Walnüsse sind wertvolle kleine Kraftpakete, denn sie liefern einen bunten Mineralstoffmix aus Kalzium, Magnesium, Zink und Eisen sowie reichlich zellschützendes Vitamin E. So stärken Walnüsse das Immunsystem, verbessern die Gehirnleistung und wirken sich positiv auf Blutfette aus. Das Besondere gegenüber anderen Nüssen ist das ausgewogene Verhältnis von Omega-6- und Omega-3-Fettsäuren – ein wirksamer Schutz für Haut, Herz und Gefäße. Ferner liefern die Nüsse Pantothensäure, die für eine glatte Haut sorgt.

Trockenfrüchte wie Datteln, Feigen oder Gojibeeren sind reich an Vitamin E und Ballaststoffen. Diese regen den Stoffwechsel an und bringen die Verdauung auf Trab. Das bringt den Feuchtig-

keitshaushalt in Schwung, strafft die Haut und mildert so Fältchen und trockene Stellen.

Leinöl, Hanföl und **Rapsöl** sind ebenfalls hervorragende Quellen
für Vitamin E. Das fettlösliche Vitamin verbessert die Feuchtigkeit
der Haut und macht sie zart und geschmeidig. Ferner enthalten
die pflanzlichen Öle wertvolle Omega-3-Fettsäuren – diese halten
Gefäße und Haut ebenfalls geschmeidig und sorgen für ein frischeres und glatteres Hautbild.

Beeren sind in zweierlei Hinsicht sensationelle Beauty-Booster:
Mit einer guten Portion Vitamin C fördern sie die Kollagenbildung
und verbessern so das Hautbild (siehe unten). Darüber hinaus
punkten sie mit reichlich Antioxidantien wie Flavonoiden, die
effektiv Radikale abfangen und so dazu beitragen, dass die Haut
glatt bleibt.

BYE-BYE DEN DELLEN AN PO UND OBERSCHENKELN

Gleich vorweg: Ob du ein straffes oder schwaches Bindegewebe
hast, verdankst du in erster Linie deinen Eltern. Wie alle anderen
Körperstrukturen ist die Tendenz zur Faltenbildung, zu Cellulite
und zu glatter Haut ererbt. Darüber hinaus haben Frauen eine
andere Zusammensetzung von Körperwasser, -fett und Muskeln
als Männer. Das heißt aber noch lange nicht, dass du dich damit
abfinden musst. Zwar kannst du dir auch kein straffes Bindegewebe zaubern, aber mit einer gezielten Ernährung und regelmäßiger
sportlicher Betätigung kannst du die Bindegewebsstruktur deutlich verbessern.

Das Bindegewebe enthält Eiweißbestandteile (wie z. B. Kollage-
ne) und bestimmte chemische Verbindungen aus Zucker und
Eiweiß, sogenannte Proteoglykane. Damit das Bindegewebe fest
ist, müssen die Kollagenmoleküle eng miteinander vernetzt sein.
Hier unterstützt dich Vitamin C, das zwischen den Kollagenen
und Proteoglykanen regelrechte Brücken bauen kann. Spitzenrei-
ter als Vitamin-C-Lieferant ist die Paprika. Weitere gute Quellen
für Vitamin C sind Heidelbeeren, Aroniabeeren, Gojibeeren,
Sanddornbeeren, Schwarze Johannisbeeren, Feldsalat, Rotkohl,
Petersilie, Sprossen und Keime.

HAARE & NÄGEL

Auch unsere Haare und Nägel wachsen ständig. Die neuen Zellen dafür produziert der Körper aus Baustoffen, die du ihm über die Nahrung zuführst. Ist das Haar stumpf und sind die Nägel brüchig, bedeutet das, dass für das gesunde Wachstum nicht ausreichend Baustoffe vorhanden sind. Mit den richtigen Lebensmitteln kannst du die Gesundheit deiner Haare und Nägel auf natürliche Weise positiv beeinflussen:

Hirse ist das 1a-Beauty-Korn für schöne Haut sowie für glänzendes Haar und starke Nägel. Die wertvolle Kieselsäure ist hier maßgeblich beteiligt. Ferner enthält das heimische Getreidekorn einen extrahohen Anteil des Mineralstoffs Eisen, der den Körper und die Zellen mit Sauerstoff versorgt und so für ein gesundes Wachstum der Zellen zuständig ist. Um das Eisen aus pflanzlichen Lebensmitteln nutzen zu können, braucht dein Körper auch Vitamin C. Am besten ergänzt du deine Mahlzeiten mit Vitamin-C-reichem Obst und Gemüse. Eine prima Kombination ist beispielsweise Hirse mit Gemüsepaprika oder Frühstückshirse mit Beeren, wie Heidelbeeren, Gojibeeren oder Granatapfel.

Auch **Haferflocken** sind neben Hirse ein Top-#Schönheitsjoker. Die nahrhaften Flocken sind eine hervorragende Quelle für Biotin, auch Vitamin H genannt. Biotin ist wichtig für den Aufbau von Haaren und Nägeln. Zudem liefern Haferflocken reichlich Eisen, das die Blutbildung unterstützt und so für ein strahlend gesundes Aussehen sorgt.

Lachs ist reich an mehrfach ungesättigten Fettsäuren, die ein hohes Schutzpotenzial vor Entzündungen haben. Obendrein sind die Omega-3-Fettsäuren am Zellaufbau der Haut beteiligt, dadurch bleibt die Haut geschmeidiger und Fältchen werden gemildert. Zudem liefert der Fisch Biotin, das die Zellen stärkt und für gesunde Haare und Nägel sorgt. Reichlich Vitamin D schützt die Haut und ist wichtig für gesunde Zähne und Knochen.

Kürbiskerne und **Leinsamen** liefern viel Zink, das in Sachen Schönheit ein echtes Allroundtalent ist. Das Spurenelement ist wichtig für das Immunsystem und für die Bildung des Bindegewebes. Obendrein ist Zink an der Synthese von Eiweiß und folglich an der Bildung von Hautzellen und Haaren beteiligt. Zink sorgt so für glänzende Haare, unterstützt die Hauterneuerung und stärkt das Immunsystem.

Linsen trumpfen mit ihrer Kombination aus hochwertigem Eiweiß und reichlich Biotin auf. Die kleinen bunten Hülsenfrüchte versorgen Haut, Haare und Nägel mit wertvollen Aminosäuren, die der Körper für die Herstellung von Keratin benötigt. Das Faserprotein Keratin verleiht dem Haar Elastizität und kräftigt die Haarstruktur. Umwelteinflüsse wie Sonneneinstrahlung, Hitze und Salzwasser, aber auch Medikamente oder einseitige Ernährung können die Schutzschicht der Haare beschädigen. Mit hochwertigem Protein kannst du dein Haar wirksam unterstützen. Das Schönheitsvitamin Biotin unterstützt zusätzlich den Eiweißstoffwechsel. Linsen sind zudem eine gute Quelle für weitere Beauty-Vitalstoffe wie Zink, Eisen und Ballaststoffe.

AUGEN

„Möhren sind gut für die Augen" – den Satz kennen die meisten sicherlich aus ihrer frühesten Kindheit. Und das nicht ohne Grund, denn auch deinen Augen kannst du mit gesunder Ernährung auf die Sprünge helfen.

Besonders augenfreundliche Lebensmittel sind **Mango**, Aprikose, Paprika, Rote Bete, **Kürbis**, Feldsalat und **Rucola**. Diese bunten Obst- und Gemüsesorten enthalten Karotinoide, die die Sehkraft stärken. Vor allem grünes Gemüse, wie **Grünkohl**, Brokkoli und **Spinat**, sind wahre Booster, denn sie punkten mit einer guten Portion Lutein, einem Abkömmling von Betakarotin, dem eine gewisse Schutzwirkung für die Netzhaut nachgesagt wird.

Betakarotin kann zu einem gewissen Teil im Körper zu Vitamin A umgewandelt werden. Auch das Vitamin übt eine wichtige Funktion für die Augen aus. Denn als Bestandteil des in den Stäbchenzellen der Augennetzhaut vorkommenden Fotopigments Rhodopsin (Sehpurpur) ist es für das Dämmerungssehen unerlässlich. Vitamin A kommt zwar nur in tierischen Lebensmitteln wie Leber oder Eigelb vor, aber auch Vegetarier und Veganer können ihren Bedarf decken, indem sie häufig **grünes Blattgemüse** sowie **buntes Obst** und **Gemüse** auf ihrem Speiseplan stehen haben.

KANN ICH AUCH SUPPLE-MENTE SCHLUCKEN?

Nichts wäre einfacher als das Schlucken von bunten Pillen, die dir Schönheit und Vitalität versprechen. Leider geht das nicht so einfach. Denn es kommt auf das Zusammenwirken der verschiedenen Nährstoffe in den Lebensmitteln an. Nur in Kombination entfalten Vitamine, Mineralstoffe und Spurenelemente ihre bestmögliche Wirkung. Deshalb lieber selbst an den Herd stellen, frisch kochen und köstliche Gerichte zaubern.

GESUNDHEITSPOWER AUS DER PFLANZE

Antioxidantien gehören zur Gruppe der sekundären Pflanzenstoffe, das sind natürliche Geschmacks-, Duft- und Farbstoffe sowie Wachstumsregulatoren, die ausschließlich von Pflanzen gebildet werden.

Diese sogenannten bioaktiven Pflanzenstoffe kannst du dir zunutze machen. Denn Antioxidantien sind effektive Radikalfänger, d.h., sie sind eine natürliche Barriere gegen schädigende UV-Strahlung und vermindern so eine frühzeitige Faltenbildung.

Reichlich pflanzliche Lebensmittel wirken sich sichtbar auf dein Aussehen aus.

Die wichtigsten Anti-Aging-Stars:

Karotinoide sind pflanzliche Farbstoffe, die hauptsächlich in gelben und roten Früchten und Gemüsesorten, aber auch in grünem Gemüse vorkommen. Bekannte Vertreter sind **Betakarotin** in Möhren und Spinat, **Lykopin** in Tomaten, **Lutein** in Grünkohl, Brokkoli, Spinat und **Zeaxanthin** in gelbem und orangefarbenem Obst und Gemüse.

Polyphenole sind Farb- und Geschmacksstoffe der Pflanzen, u.a. auch in grünen Teeblättern enthalten, die vor allem in den äußeren Randschichten von Obst und Gemüse liegen. Die volle positive antioxidative Wirkung entfalten sie im Körper, wenn du die unbehandelte Schale mitisst. Zu den Polyphenolen zählen die **Phenolsäuren**, wie die Ellagsäure in Erdbeeren, und **Flavonoide**, wie Anthozyane, die unter anderem die rote, blaue oder violette Färbung von Obst und Gemüse bewirken.

Phytoöstrogene sind natürliche Pflanzenhormone, wie z.B. Isoflavonoide, die in der Sojabohne zu finden sind. Sie wirken nicht nur verjüngend, sondern auch schützend auf den Knochenstoffwechsel.

DIE SCHÖNHEITSVITAMINE

VITAMIN	FUNKTION	VORKOMMEN
Vitamin A	Das fettlösliche Vitamin, auch Retinol genannt, sorgt dafür, dass wir gut sehen und gut aussehen. Auch die Vorstufe, das Betakarotin, fördert die Sehkraft und unterstützt die Hautfestigkeit. Vitamin A unterstützt die Bildung von elastischen Fasern, hilft gegen Verhornung und Abschuppung. Zudem hält es die Haut und Schleimhäute gesund und fördert eine glatte, geschmeidige Haut.	Vor allem in tierischen Lebensmitteln wie Fisch, Eigelb, Butter, Käse; als Betakarotin in Möhren, Süßkartoffeln, Kürbis, Melone, Mango oder grünem Gemüse wie Grünkohl und Brokkoli. Vitamin A ist fettlöslich und sollte daher stets in Verbindung mit gesundem Pflanzenöl verzehrt werden.
Vitamin C	Das wasserlösliche Vitamin fördert die Kollagenbildung und verbessert den Feuchtigkeitsgehalt der Haut, so sorgt es für festes Bindegewebe und frisches Aussehen. Ferner stärkt es das Immunsystem, schützt die Gefäße und wirkt als effektiver Radikalfänger.	Gemüse wie Brokkoli, Fenchel, Paprika, Grünkohl; Obst wie Hagebutten, Sanddornbeeren, Gojibeeren, Schwarze Johannisbeeren, Heidelbeeren
Vitamin D	Das fettlösliche Vitamin sorgt für gesunde Zähne und starke Knochen, da es die Kalziumaufnahme fördert. Zudem ist es ein wichtiger Schutzfaktor gegen Krebserkrankungen. Ein regelmäßiger Aufenthalt im Freien unterstützt die Vitamin-D-Synthese.	Hering, Lachs, Sardinen, Thunfisch; Pilze wie Champignons, Pfifferlinge, Steinpilze
Vitamin E	Das fettlösliche Vitamin gilt als das Hautvitamin. Es dient der Zellerneuerung, wirkt als Radikalfänger, stoppt Alterungsprozesse, beugt Pigmentflecken vor und hemmt Entzündungen. Die Haut wird zart und geschmeidig und der Feuchtigkeitsgehalt wird verbessert.	Avocado; Nüsse und Samen wie Leinsamen, Hanfsamen, Mandeln, Walnüsse; pflanzliche Öle wie Hanföl, Rapsöl, Walnussöl, Olivenöl, Leinöl; Vollkorngetreide und Hülsenfrüchte
Vitamin H (Biotin)	Vitamin H ist wichtig für die Gesundheit von Haut und Haaren. Es trägt zum gesunden Wachstum der Zellen von Haut, Haaren und Nägeln bei und verbessert den Feuchtigkeitsgehalt der Haut.	Vollkorngetreide wie Hafer, Reis; Hülsenfrüchte wie Linsen, Sojabohnen; Nüsse; Eier

DIE SCHÖNHEITSMINERALSTOFFE UND -SPURENELEMENTE

MINERALSTOFF ODER SPUREN-ELEMENT	FUNKTION	VORKOMMEN
Eisen	Der Mineralstoff ist ein wichtiger Baustein des roten Blutfarbstoffs Hämoglobin, der am Sauerstofftransport im Blut beteiligt ist. Eisen versorgt den Körper und die Zellen mit Sauerstoff und sorgt so für ein gesundes Wachstum der Zellen und einen frischen Teint. Wird der Körper nicht ausreichend versorgt, fühlen wir uns müde und schlapp.	In grünem Blattgemüse; Getreide; Hülsenfrüchten; Fleisch; Nüssen. Um die Eisenverwertung zu verbessern, ergänze deine Mahlzeiten mit Vitamin-C-reichem Obst und Gemüse.
Zink	Zink ist an der Synthese von Eiweiß beteiligt und folglich an der Bildung von Hautzellen und Haarzellen. Ein Mangel macht sich auch durch ein geschwächtes Immunsystem mit häufigen Infekten bemerkbar.	In tierischen Produkten wie Fleisch, Eier, Käse und Milchprodukten; Vollkorngetreide wie Hafer; Sesam; Linsen
Silizium	Das Spurenelement ist für den Aufbau des Bindegewebes notwendig und sorgt für feste Nägel, pralle Haut, gesunde Gefäße und starke Knochen. Silizium ist eine Komponente des Faserproteins Keratin, einer Grundsubstanz von Haaren und Nägeln, die dafür sorgt, dass die Haut Feuchtigkeit besser bindet.	Vollkornprodukte wie Hafer, Hirse; Gemüse wie Möhren, Knollensellerie
Kupfer	Das Spurenelement verbessert die Haarstruktur. Zudem ist es am Aufbau von Haut, Augen und Haaren beteiligt und mobilisiert die Aufnahme von Eisen.	Nüsse; Getreide; Hülsenfrüchte

SIND KOHLEN-HYDRATE DICKMACHER?

Die wichtigsten Energiespender für deinen Körper sind Kohlenhydrate – sie bestehen aus Zuckermolekülen. Das gibt ihnen oftmals den Ruf, sie seien die reinsten Dickmacher und sollten größtenteils vom Speiseplan gestrichen werden. Ganz im Gegenteil! Kohlenhydrate können dich beim Figurhalten unterstützen, denn es kommt auf die Qualität der Kohlenhydrate an.

Kohlenhydrate liefern vier Kilokalorien pro Gramm und sollten den Großteil der Nahrung ausmachen, d. h.: mehr als 50 Prozent der täglichen Energiezufuhr. Je nach Anzahl der kombinierten Zuckerbausteine werden Kohlenhydrate in Einfach-, Zweifach- oder Mehrfachzucker unterschieden:

Einfachzucker bestehen aus Trauben- und Fruchtzucker. Zu den **Zweifachzuckern** gehören Milch- und Malzzucker, Rohr- und Rübenzucker, Kristall- oder Haushaltszucker. Du findest sie hauptsächlich in Weißmehlprodukten wie Weißbrot, Kuchen, Gebäck und Süßigkeiten, aber auch in gezuckerten Getränken. Einfach- und Zweifachzucker lassen den Blutzucker schnell in die Höhe schießen, was zu einer erhöhten Insulinausschüttung führt und Heißhunger, Müdigkeit und Konzentrationsmangel zur Folge hat. Langfristig führt ein Zuviel an diesen sogenannten „schlechten" Kohlenhydraten zu Übergewicht.

Mehrfachzucker stecken vor allem in Vollkornprodukten, Obst, Gemüse, Salat und Hülsenfrüchten; sie werden auch komplexe Kohlenhydrate genannt. Sie sind die ideale Quelle für eine konstante Energiebereitstellung. Die langen Ketten werden langsam in Einfachzucker abgebaut und gelangen nach und nach ins Blut. Dies sorgt für einen konstanten Blutzuckerspiegel und eine lang anhaltende Sättigung.

Zudem senken diese ballaststoffreichen Lebensmittel die Aufnahme von Fett und Zucker aus dem Darm. Das schmeichelt der Figur, obendrein reduziert es hohe Cholesterinwerte und beugt der Entstehung von Herz-Kreislauf-Erkrankungen vor. Insbesondere lösliche Ballaststoffe, vor allem in Hülsenfrüchten, Hafer und Kohlgemüse, sind sehr wertvoll, denn sie verlangsamen zusätzlich die Aufnahme von Kohlenhydraten ins Blut und sorgen für eine lang anhaltende Sättigung. So haben nervige Heißhungerattacken keine Chance mehr!

DIE ROLLE DES HORMONS INSULIN

Der Darm kann besonders Einfach- und Zweifachzucker, die häufig in Süßigkeiten, Fertiggerichten, Weißmehlprodukten und weißem Zucker stecken, sehr schnell in Glukose umwandeln. Dieser Zucker wandert umgehend ins Blut und treibt den Blutzuckerspiegel rasch in die Höhe. Der Gegenspieler der Glukose ist das Hormon Insulin. Es dient als eine Art Türöffner an bestimmten Andockstellen (Rezeptoren) der Körperzellen. Der Botenstoff öffnet also die Zellen und löst dabei verschiedene Signalketten aus: Insbesondere Glukose gelangt jetzt durch die offene Tür in die Zelle. Dort wird sie in die Zellkraftwerke, die sogenannten Mitochondrien, gebracht und zur Energiegewinnung verbrannt oder als Baustein verwertet. Gleichzeitig werden die Spaltung und Verwertung von Fett gebremst.

Stehen zu häufig ungesunde Lebensmittel mit Einfach- oder Zweifachzuckern, womöglich noch in Kombination mit Fett, wie z. B. ein Weißbrot mit Butter, auf dem Speiseplan und du bewegst dich zu wenig, so wird der Überschuss an Fett in den Fettzellen gespeichert. Diese Zellen haben die unangenehme Eigenschaft eines schier unermesslichen Fassungsvermögens und begünstigen damit die langsame, aber sichere Entstehung von Speckpölsterchen.

Nicht nur, dass es nun neues Futter für die Fettzellen gibt – durch die schnelle Aufnahme von Glukose aus Einfach- oder Zweifachzuckern und den hohen Insulinausschuss aus der Bauchspeicheldrüse fällt der Blutzuckerspiegel ebenso rasch wieder ab. Ein niedriger Blutzucker aber erzeugt Hunger – Heißhunger! Und das, obwohl dein Körper eigentlich genügend Nährstoffe aufgenommen hat. Gibst du diesem Hunger nach, fütterst du deine Fettzellen weiter.

Idealerweise sollte immer nur so viel Zucker im Blut vorhanden sein, wie die Zellen wirklich brauchen. Der in die Zellen gelangte Zucker dient diesen als Futter und wird beim Sport sowie bei körperlicher und geistiger Arbeit verbrannt.

Im Gegensatz zu diesen „schlechten" Kohlenhydraten werden die Mehrfachzucker aus Vollkornprodukten relativ langsam aus dem Darm aufgenommen. So steigt der Blutzucker deutlich langsamer an und die Freisetzung von Insulin aus der Bauchspeicheldrüse erfolgt ebenfalls in Maßen. Die Folge: Du bleibst länger satt und die Körperzellen erhalten sich ihre Insulinempfindlichkeit, da nicht so schnell Zucker nachgeliefert wird.

VOLLKORN = VOLLES KORN?

Lass dich beim Vollkornbrot oder -brötchen nicht von der dunklen Farbe und den Körnern obendrauf täuschen. Die Farbe kann auch von färbendem Malz oder Karamellsirup stammen. Nur wo „Vollkorn" draufsteht, ist auch das volle Korn mit reichlich Ballaststoffen enthalten. Der Begriff ist gesetzlich geschützt: Mindestens 90 Prozent Roggen- oder Weizenvollkornmehl muss ein Vollkornbrot enthalten.

KANN ICH MIT LOW CARB ABNEHMEN?

Wer auf Kohlenhydrate verzichtet und stattdessen mehr Eiweiß isst, sorgt für mehr Fett und weniger Ballaststoffe. Schnell können da ein paar Kilos mehr auf den Hüften landen. Komplett alle Kohlenhydrate vom Speiseplan zu streichen hat deshalb keinen Sinn. Gerade die guten Kohlenhydrate aus Vollkornprodukten, Hülsenfrüchten und Gemüse liefern in der Regel auch lebenswichtige Vitamine und Mineralstoffe und enthalten verdauungsfördernde Ballaststoffe, die lange satt machen.

Zugleich bringen komplexe Kohlenhydrate auch wertvolle Ballaststoffe. Diese Nahrungsbestandteile werden nicht verdaut, quellen aber im Darm auf. Das bringt den Darm auf Trab und regt die Verdauung an.

GLYKÄMISCHER INDEX

Der glykämische Index (GI) gibt die Wirkung von Lebensmitteln auf den Blutzuckerverlauf an. Brot und Getreideprodukte, die aus dem vollen Korn hergestellt wurden, sowie Hülsenfrüchte und Gemüse haben einen niedrigen glykämischen Index. Weißmehlprodukte und Süßigkeiten dagegen besitzen einen hohen glykämischen Index.

Zur Vorbeugung von Übergewicht solltest du reichlich Kohlenhydrate mit niedrigem GI essen. Da die Kohlenhydrate nur langsam ins Blut gelangen, werden so hohe Blutzuckerspiegel vermieden. Auch der Insulinstoffwechsel wird weniger belastet.

Fett ist ein Geschmacksträger und unverzichtbar in der Küche. Außerdem erfüllen Nahrungsfette wichtige Funktionen im Stoffwechsel, wie beispielsweise bei der Immunabwehr oder beim Zellaufbau, und sorgen für geschmeidige Haut und Gefäße.

Mit neun Kilokalorien pro Gramm hat es den höchsten Energiegehalt unter den Nährstoffen. Insgesamt sollen die Fette nur etwa 25 bis 30 Prozent der Gesamtenergie ausmachen. Dabei ist Fett keineswegs gleich Fett und macht – sofern es nicht im Übermaß verzehrt wird – auch nicht zwangsläufig dick. Entscheidend ist allerdings die Art des Fettes:

Gesättigte Fettsäuren kann der Körper bei Bedarf selbst herstellen, sie müssen nicht extra zugeführt werden. Im Übermaß wirken sie schädlich auf den Blutfettspiegel. Gerade wenn du abnehmen möchtest, solltest du die „schlechten" Fette von deinem Speiseplan streichen. Denn je weniger gesättigte Fettsäuren du verzehrst, umso mehr produziert dein Körper selbst und verbraucht dabei mehr Energie. Gesättigte Fettsäuren findest du vor allem in tierischen Lebensmitteln wie Butter, Sahne, Wurst, Fleisch und Käse, aber auch „versteckt" in Kuchen, Chips oder Fertiggerichten.

Besonders wertvoll sind die **einfach ungesättigten Fettsäuren**, die vor allem in pflanzlichen Ölen, wie Olivenöl, Rapsöl, und in Avocados sowie Nüssen und Samen stecken. Der Körper kann sie zwar aus anderen Fetten herstellen, dennoch sollten diese Fettsäuren täglich auf deinem Speiseplan stehen. Einfach ungesättigte Fettsäuren sind für die Funktion und die Elastizität der Zellmembranen wichtig.

Die **mehrfach ungesättigten Fettsäuren** kann der Körper selbst nicht produzieren, sie sind lebensnotwendig und müssen täglich über die Nahrung zugeführt werden. Man unterscheidet in Omega-3- und Omega-6-Fettsäuren. Besonders wertvoll sind die Omega-3-Fettsäuren, sie tragen u. a. dazu bei, dass die Hüllen der Nervenzellen geschmeidig bleiben. Außerdem sind sie am Zellaufbau der Haut beteiligt, die dadurch länger glatt und faltenfrei bleibt. Obendrein sind sie wichtig für die Entwicklung des Gehirns und tragen zu einer verbesserten Stimmungslage bei. Gute Quellen für Omega-3-Fettsäuren sind vor allem fetter Kaltwasserfisch, wie Wildlachs, Makrele und Hering, sowie mit Grünfutter aufgezogene Rinder. In Pflanzen findet sich die Vorstufe der Omega-3-Fettsäuren, die sogenannte Linolensäure. Sie steckt reichlich in Hanföl, Leinöl oder Rapsöl.

GESUNDE FETTE – SCHÖNHEITSPFLEGE FÜR DIE HAUT

ABNEHMEN MIT LOW FAT?

Allein die Tatsache, dass im Rahmen von „Low-Fat-Diäten" und mühsamem Fettpunktezählen jahrelang akribisch auf eine fettarme Ernährung geachtet wurde und die Zahl der Übergewichtigen trotzdem anstieg, zeigt, dass du damit nicht automatisch schlank wirst.

Low Fat zum Abnehmen ist nur dann eine wirkungsvolle Strategie, wenn du das eingesparte Fett gleichzeitig durch komplexe Kohlenhydrate ausgleichst. Gemüse, Hülsenfrüchte und Vollkornprodukte sorgen mit den enthaltenen Ballaststoffen dafür, dass du lange satt bist. So bleiben Heißhungerattacken aus und du kommst nicht in die Versuchung, diese mit Süßigkeiten zu tilgen.

Folgende Tipps helfen dir, um sinnvoll Fett einzusparen und gleichzeitig genussvoll zu essen. Verwende dazu:

» beschichtete Pfannen zum Braten
» fettarme Milchprodukte und Joghurt (1,5 % Fett)
» saure Sahne (10 % Fett) statt Crème fraîche (30 % Fett)
» fettarme Wurst, wie Putenbrust, Schinken oder Braten, statt Salami
» pflanzliche Öle (Rapsöl, Olivenöl) anstelle von tierischen Fetten (Butter, Butterschmalz)
» eine konsequent abgemessene Ölmenge – je Portion 1 bis 2 Esslöffel
» statt Mayonnaise- und Sahnedressings besser mageren Joghurt oder Soja-/Hafersahne mit Essig und Öl
» Achte besonders auf versteckte Fette in vermeintlich „gesunden" Snacks, wie Müsliriegeln, Energiekugeln, Gemüsechips, Nussbutter
» Auch klassische Süßigkeiten und Knabberartikel enthalten die versteckten „schlechten" Fette

VIELFALT DER PFLANZENÖLE NUTZEN

Pflanzliche Öle haben unterschiedliche Fettsäuremuster, d. h., die Zusammensetzung der Fettsäuren variiert. Sorge daher für Abwechslung in der Küche: Raps- und Olivenöl eignen sich prima zum Braten, Lein- und Hanföl sind perfekt für Salate und kalte Speisen.

Eiweiß oder Protein ist in tierischen Lebensmitteln wie Milch, Milchprodukten, Fleisch und Fisch sowie in pflanzlichen wie Getreide, Hülsenfrüchten, Nüssen und Samen enthalten. Die Aufgaben von Eiweiß im Körper sind vielfältig: Als Strukturprotein bestimmt es den Bauplan der menschlichen Zelle und somit den gesamten Körperaufbau. Zudem sind Eiweiße auch die Grundbausteine der Muskelfasern sowie von Haaren, Haut und Nägeln. Darüber hinaus unterstützen Proteine den Transport von Nährstoffen und helfen bei der Bildung von Enzymen und Hormonen. Sie unterstützen die Zellerneuerung und sind maßgeblich für einen funktionierenden Stoffwechsel verantwortlich, somit leisten sie einen wichtigen Beitrag für deine Gesundheit und Schönheit. Ferner liefern Eiweiße auch mit vier Kalorien pro Gramm Energie und sind so gute Sattmacher.

EIWEISS – BAUSTEINE FÜR DIE SCHÖNHEIT

WIE VIEL EIWEISS DARF ES SEIN?

Wie viel Eiweiß täglich aufgenommen werden soll, wird nach wie vor wissenschaftlich diskutiert. Generell lässt sich sagen, dass die empfohlene tägliche Aufnahme von Eiweiß abhängig von Körpergewicht und Geschlecht ist. Die Deutsche Gesellschaft für Ernährung (DGE) empfiehlt eine tägliche Aufnahme von 0,8 g Eiweiß pro Kilogramm Körpergewicht. Das entspricht ca. 58 g für Männer und ca. 48 g für Frauen. Umgerechnet auf die Energiezufuhr entspricht dies – unabhängig von Alter und Geschlecht – neun bis elf Prozent des täglichen Energiebedarfs.

AMINOSÄUREN – DIE BEAUTY-BAUSTEINE

Lebenswichtig für deinen Körper ist nicht das Eiweiß selbst, sondern die Bausteine, die sogenannten Aminosäuren. Proteine bestehen aus Aminosäuren, die beliebig kombiniert werden können. Dadurch hat jede Eiweißart ihre spezifische und charakteristische Eigenschaft.

Es gibt 20 Aminosäuren, die nach ihrer Entbehrlichkeit eingeteilt werden: entbehrliche Aminosäuren, die vom Körper selbst gebildet werden können, und unentbehrliche, die nicht selbst hergestellt werden können. Sie müssen dem Körper über die Nahrung zugeführt werden.

Aminosäuren sind die Bausteine des Lebens und daher für dich unverzichtbar. Denn für den Aufbau eigener Proteine ist der

Körper überwiegend auf Eiweiß aus der Nahrung angewiesen. Die Aminosäure Cystein ist beispielsweise ein wichtiger Bestandteil von Keratin, dem Grundbaustoff von Haaren, Haut und Nägeln. Denn das Faserprotein Keratin verleiht dem Haar Elastizität und kräftigt die Haarstruktur.

Ein Mangel an wertvollen Aminosäuren kann sich durch brüchige Nägel, stumpfe Haare und eine langsamere Wundheilung bemerkbar machen. Nur durch eine sinnvolle Kombination verschiedener Lebensmittel kannst du deinen Körper mit allen Aminosäuren versorgen, die er braucht.

DIE BIOLOGISCHE WERTIGKEIT

Einige Aminosäuren können besser, andere weniger gut als Bausteine für Eiweiße verwendet werden. Dabei gibt die biologische Wertigkeit eines Lebensmittels die Qualität des Nahrungseiweißes an, d. h., wie viel Körpereiweiß aus 100 g Nahrungseiweiß gebildet werden kann. Je nachdem, wie ähnlich das Nahrungseiweiß dem körpereigenen Eiweiß ist, liegt die biologische Wertigkeit dabei zwischen 0 und 100. Je höher die biologische Wertigkeit ist, umso wertvoller ist ein Eiweiß. Jede Eiweißquelle hat ihre eigene charakteristische Zusammensetzung aus unterschiedlichen Aminosäuren. Durch eine geschickte Kombination von Lebensmitteln können sich die fehlenden Aminosäuren ergänzen und somit die biologische Wertigkeit erhöhen.

Die beste Versorgung mit Aminosäuren gelingt mit einer Kombination aus tierischem und pflanzlichem Eiweiß wie beispielsweise Roggenbrot mit Emmentaler oder Putenbrust oder Fleisch mit Bohnen (Chili con Carne).

Aber auch die Kombination von rein pflanzlichen Eiweißen versorgt dich mit hochwertigen Aminosäuren. Wertvolle Kombinationen sind dabei: Getreide und Hülsenfrüchte wie z. B. Mais mit Bohnen; Brot mit Bohnen oder Linsen; Reis mit Linsen oder Haferflocken mit Milch oder Joghurt.

PFLANZLICHE TOP-EIWEISSLIEFERANTEN

Immer mehr Menschen wollen weniger Fleisch essen oder gar darauf verzichten. Wenn du tierische Eiweißquellen auf deinem Speiseplan reduzieren oder streichen möchtest, kannst du deinen

Körper auch mit hochwertigen pflanzlichen, sogenannten grünen Eiweißquellen versorgen.

Pflanzliches Eiweiß findest du hauptsächlich in Hülsenfrüchten wie Linsen, Bohnen und Erbsen. Sie haben häufig sogar einen höheren Eiweißanteil als viele Fleischsorten. Zur Steigerung der biologischen Wertigkeit solltest du Hülsenfrüchte allerdings immer mit Getreide ergänzen.

Auch Getreide und Getreideprodukte wie Weizen, Dinkel, Hafer, Roggen, Hirse, Mais und Reis liefern hochwertiges Eiweiß. Zudem punkten sie mit Vitaminen, Mineralstoffen und verdauungsfördernden Ballaststoffen.

Quinoa, Amarant und Buchweizen, die wie Getreide verwendet werden, aber zum Pseudogetreide zählen, sind ebenfalls prima Eiweißlieferanten. Zusätzlich steuern die Körner gesunde Fette und Vitalstoffe bei. Nicht zuletzt versorgen auch Nüsse und Samen mit hochwertigem Eiweiß. Da sie zugleich eine gute Portion gesundes Fett enthalten, solltest du sie bewusst als Snack knabbern.

WASSER – QUELLE DER SCHÖNHEIT?

Nicht neu – ausreichend Wasser zu trinken scheint die Zauberformel für pralle und schöne Haut zu sein, denn auch die Stars schwören darauf.

Die Versorgung mit Flüssigkeit ist für den Körper lebensnotwendig. Der Mensch kann zwar 30 Tage und länger ohne Nahrung auskommen, aber ohne Wasser kaum drei Tage. Dein Körper besteht zu 60 bis 70 Prozent aus Wasser. Auch deine Haut besteht zum größten Teil aus Wasser und hat immer großen Durst. Über den ganzen Tag verteilt, verliert dein Körper über die Haut und Ausscheidungen Wasser. Und dieser Wasserverlust muss stetig ausgeglichen werden.

Ebenso wie Hunger entsteht Durst im Zwischenhirn. Warnsysteme des Körpers melden einen Wassermangel sofort. Einen Mangel zeigt der Körper mit Übelkeit, Kopfschmerzen und Leistungsschwäche und die Haut wird trocken und fahl. Flüssigkeit ist ein wesentlicher Faktor für eine schöne und gesunde Haut sowie einen leistungsfähigen Körper. Im Wasser sind viele lebenswichtige Mineralstoffe gelöst, die notwendige Stoffwechselprozesse in Gang halten und so den Körper mit Energie versorgen. Eine gut mit Feuchtigkeit versorgte Haut wird straffer und kleine Fältchen sind weniger sichtbar.

ALKOHOL HEMMT DIE FETTVERBRENNUNG

Alkoholische Getränke solltest du nur gelegentlich und in kleinen Mengen trinken, da sie den Wasserverlust beschleunigen und sich damit negativ auf die Flüssigkeitsbilanz auswirken. Außerdem liefert Alkohol mit sieben Kalorien pro Gramm viele Kalorien. Alkohol beeinträchtigt zudem den Fettstoffwechsel, da der Körper zuerst Alkohol abbaut. Fett wird währenddessen im Fettgewebe abgelegt. Da Alkohol den Insulinspiegel erhöht, wird der Fettabbau zusätzlich gehemmt.

WASSER TRINKEN FÜR DIE HAUT

Die besten Durstlöscher bleiben Leitungswasser und Mineralwasser, ungesüßte Tees oder verdünnte Fruchtschorlen, da sie kalorienarm sind und mit keinem bzw. wenig Zucker auskommen.

Täglich solltest du mindestens 1,5 Liter trinken. Die Menge kann bei Sport, Hitze oder Krankheit auch deutlich höher liegen. Vermeide zuckerhaltige Getränke. Wenn du dennoch ab und zu nicht auf den Genuss von Erfrischungsgetränken verzichten möchtest, solltest du die Zutatenliste genau studieren und Getränke mit wenig Zucker und wenigen Aromen bevorzugen. Am besten die fertigen Limonaden nochmals mit Leitungs- oder Mineralwasser verdünnen. Kaffee und schwarzen Tee kannst du auch zur Flüssigkeitsbilanz dazurechnen; aufgrund ihrer anregenden Wirkung sollten empfindliche Menschen nicht zu viel davon trinken.

Die restliche Menge der täglichen Wasserzufuhr von etwa 2,5 Litern liefert übrigens feste Nahrung.

STRATEGIEN ZUM WASSERTRINKEN

Wir hören es immer und immer wieder und trotzdem vergessen wir es im Alltag öfter, genug zu trinken. Wirksame Strategien helfen dir, künftig die tägliche Menge spielend zu erreichen.

Führe Rituale fürs Trinken ein und stelle die Getränke in Sichtweite. Fülle leere Gläser immer wieder auf. Gewöhne dir an, auch ohne Durst und vor jeder Mahlzeit ein Glas Wasser zu trinken. Am besten beginnst du morgens nach dem Aufstehen mit einem Glas Wasser mit einem Spritzer Zitronensaft, das bringt zugleich den Stoffwechsel in Schwung.

Wenn dir Wasser zu fad und langweilig schmeckt, dann aromatisiere es mit frischen Kräutern wie Minze oder Basilikum, BioZitronen-, -Gurken- oder -Ingwerscheiben. Beeren oder Melone sorgen für einen fruchtigen Geschmack.

Wenn du unsicher bist, ob du die nötige Menge auch erreicht hast, dann erstelle ein Trinkprotokoll und trage die Getränke und die Menge ein.

Und mit einer schicken und handlichen Trinkflasche bist du auch unterwegs immer bestens mit Wasser versorgt.

SMOOTHIES & CO. ALS DICKMACHER?

Auch Powergetränke aus Gemüse und Obst sind eine leckere Ergänzung. Gemüse enthält kaum Kalorien, hat einen hohen Wasseranteil und liefert zugleich wichtige Vitalstoffe. Wenn du die empfohlenen fünf Portionen Obst und Gemüse pro Tag nicht schaffst, kannst du dir auch über die pürierte Form die positiven Inhaltsstoffe zunutze machen.

Grundsätzlich sind grüne Smoothies reich an Vitaminen, Mineralstoffen, sekundären Pflanzenstoffen und Ballaststoffen. Sie sorgen zwar nicht für das gleiche Sättigungsgefühl wie ein Apfel oder Salat. Aber wenn du den Smoothie bewusst in kleinen Schlucken genießt, kannst du davon profitieren. Auch die Kühltheken in den Supermärkten stehen voll mit Smoothies & Co. – da ist es nur zu verführerisch, einfach zuzugreifen.

Smoothies aus dem Supermarkt, aber auch selbst gemixte können allerdings zur Zuckerfalle und letztlich zum Dickmacher werden. Denn in dem oft in großer Menge enthaltenen Obst wie Banane, Mango oder Ananas ist teilweise sehr viel Zucker zu finden. Dieser wird in hohem Maße in Fett umgewandelt und ist dann auf den Hüften wiederzufinden.

So wird dein Smoothie zum Beauty-Booster: Am besten selbst mixen, dann weißt du, was drin ist. Trinke maximal einen Smoothie am Tag. Überwiegend Gemüse verwenden und nur einen kleinen Teil Obst wie Birne, Beeren, Melone oder Orangen. Den fertigen Smoothie nochmals mit Wasser verdünnen!

Auf der linken Seite siehst du einen Rucola-Smoothie. Er ist perfekt als Frühstücksdrink oder Zwischenmahlzeit geeignet und überzeugt durch viele Vitamine und Antioxidantien.

Gesunde Trendgetränke wie Matcha-Latte oder Goldene Milch können zur Kalorienfalle werden. Grünteepulver und Kurkuma an sich sind kalorienarm. Zum Dickmacher werden die Getränke, wenn du sie mit vollfetter Milch zubereitest und mit einer guten Portion Agavendicksaft, Honig oder Zucker süßt. Wer als Alternative Pflanzendrinks verwendet, sollte genau aufs Etikett schauen, denn hier kann sich ebenfalls zusätzlicher Zucker verstecken.

Gleiches gilt übrigens auch für Cappuccino, Milchkaffee oder Latte macchiato.

SUPERFOOD CHLOROPHYLL

Der grüne Pflanzenfarbstoff ermöglicht die Fotosynthese in Pflanzen und ist somit die Basis für Wachstum. Das Blattgrün unterstützt die Bildung des roten Blutfarbstoffs Hämoglobin und hat eine zellschützende Wirkung. Die Zellen werden optimal mit Sauerstoff versorgt, das sorgt für eine glatte Haut und einen frischen Teint. Hervorragende Quellen sind Brennnessel, Petersilie, Grünkohl, Löwenzahn, Spinat, Brokkoli und Weizengras. Nutze die grünen Schätze täglich für deinen Smoothie!

Hallo Binikifigur – mit den ausgewogenen und gesunden Rezepten förderst du nicht nur dein Wohlbefinden, sondern kurbelst auch deinen Stoffwechsel an. Nährstoffreiche Superfoods ergänzen und begünstigen den Erfolg. Denn diese Lebensmittel punkten mit einem außergewöhnlich hohen Anteil an Antioxidantien, Vitaminen, Mineralstoffen und gesunden Fetten. Damit stärkst du das Immunsystem, hältst den Stoffwechsel auf Trab und schenkst deinem Körper ein frischeres Aussehen.

Bekannte Superfoods sind vor allem exotische Beeren, Blätter, Körner und Samen. Dabei müssen es nicht nur Lebensmittel sein, die aus der Ferne kommen. Auch heimische Superfoods haben ein hohes Potenzial und stehen den Exoten in nichts nach. Wähle Superfoods idealerweise in Bio-Qualität und achte auf die Herkunft, denn konventionell angebaute Lebensmittel können mit Rückständen belastet sein.

Wie bei gesunder Ernährung allgemein gilt auch bei Superfoods: Bringe Abwechslung auf den Teller, denn nur so bekommst du alle Nährstoffe, die du benötigst.

SUPERFOODS ALS BOOSTER

Nachfolgende Zusammenstellung gibt dir eine Übersicht zu den Kräften bekannter Superfoods:

Gojibeeren: Die Früchte trumpfen mit ihrem hohen Gehalt an Radikalfängern auf, die unsere Zellen vor schädlichen Einflüssen schützen, und sind damit eine wirksame Anti-Aging-Geheimwaffe. Der Vitalstoffmix aus Vitamin C und E sowie Zink sorgt zudem für starke Abwehrkräfte. Ferner ist die Gojibeere ein Adaptogen, das bedeutet, sie unterstützt den Körper, sich an körperliche und psychische Belastungen leichter anzupassen. Sportler profitieren von den bioaktiven Inhaltsstoffen, da sich Muskeln schneller regenerieren, zudem erhöhen sie die Ausdauer. Gojibeeren sind ferner reich an dem schützenden sogenannten Augen-Vitamin A. Die aus China stammende Beere schmeckt leicht süßlich und ist bei uns in der Regel nur getrocknet erhältlich. Sie lässt sich wie Rosinen in Müsli, z.B. mit Buchweizen, Blaubeeren und Chiasamen, Smoothies, Gebäck, aber auch in pikanten Gerichten verwenden.

Auch die heimischen **Sanddornbeeren** oder **Hagebutten** haben Powerkräfte. Die Wildfrüchte sind wahre Vitamin-C-Bomben, die das Immunsystem in Höchstform bringen und für straffe Haut sorgen. Hagebutten können nicht roh gegessen werden und Sanddorn ist pur sehr sauer, daher werden beide Früchte oft als Muttersaft, Fruchtmark etc. angeboten. Damit lassen sich Smoothies, Joghurt, Müsli & Co. wunderbar aufwerten.

Aroniabeere: In den dunklen, sogenannten Apfelbeeren sind sekundäre Pflanzenstoffe wie Polyphenole und Flavonoide besonders stark konzentriert. Vor allem die farbgebenden Anthocyane haben eine besonders schützende Wirkung, denn sie fungieren als Zellschützer und können freie Radikale sehr effektiv abfangen. Aroniabeeren enthalten zudem reichlich Vitamin C für straffende Konturen. Die frischen Beeren schmecken recht bitter, daher werden sie hauptsächlich zu Saft, Konfitüre, Gelee oder Trockenfrüchten verarbeitet.

Açaibeere: Die dunklen Powerbeeren aus Südamerika sind die Stars unter den Früchten. Keine andere Frucht enthält mehr Antioxidantien. Kein Wunder also, dass die Açaibeere als Beauty-Booster gilt: Die sekundären Pflanzenstoffe fangen zellschädigende freie Radikale, beschleunigen den Stoffwechsel und schützen die Haut, indem sie den Alterungsprozess verlangsamen. Ferner enthält die Beere gesunde Fettsäuren, die Herz und Haut schützen. Da die brasilianischen Beeren schnell verderben, werden sie bei uns als Pulver, Saft oder gefrorenes Püree angeboten. Der Geschmack erinnert an Schokolade und verfeinert Müslis, Smoothies, Joghurt oder Desserts.

Matcha: Matcha wird aus den hochwertigsten Teeblättern der ersten Ernte hergestellt und zu feinem Pulver vermahlen. Damit ist er im Vergleich zu anderem Grüntee besonders reich an Antioxidantien. Die sogenannten Polyphenole schützen Herz und Gefäße. Matcha hilft zudem, den Cholesterinspiegel und den Blutdruck zu senken. Außerdem beschleunigt das grüne Pulver den Fettstoffwechsel. Ferner enthält Matcha L-Threanin, eine Aminosäure, die für ihre entspannende und stimmungsaufhellende Wirkung bekannt ist. Durch seinen Koffeingehalt ist Matcha ein prima Muntermacher, der trotzdem gut verträglich ist. Matcha schmeckt mit heißem Wasser aufgebrüht als Tee, das Pulver verfeinert auch Gebäck, Süßspeisen oder Smoothies.

Kurkuma: Bekannt ist das orange leuchtende Gewürzpulver als Bestandteil von Currymischungen. Das leicht scharfe Gewürz wird aus der Wurzel der Kurkumapflanze gewonnen. Der wichtigste Inhaltsstoff von Kurkuma ist der Pflanzenfarbstoff Curcumin, der eine entzündungshemmende Wirkung hat. Kurkuma stärkt die Abwehrkräfte, regt den Stoffwechsel an und gilt als Geheimwaffe für schöne Haut und gesundes Haar. Du kannst das Pulver sowie die frische Wurzel verwenden, um süße, herzhafte Speisen sowie Getränke zu verfeinern. Die Bio-Verfügbarkeit von Kurkuma erhöht sich durch schwarzen Pfeffer und etwas Oliven- oder Kokosöl.

Chiasamen: Die winzigen Samen haben es in kürzester Zeit zu Ruhm gebracht. Nicht ohne Grund, liefern sie doch eine geballte Ladung an Vitalstoffen. Chiasamen punkten vor allem mit ihrem hohen Gehalt an Omega-3- und Omega-6-Fettsäuren. Diese schützen Herz, Gefäße und Gelenke. Mit reichlich Ballaststoffen bringen sie die Verdauung in Schwung und eignen sich gequollen in Form von Chiapudding als 1a-Powerfrühstück. Reichlich Vitamin E schützt vor freien Radikalen, regt die Regeneration von Hautzellen an und stärkt das Immunsystem. Jede Menge Kalzium, Magnesium und Eisen sowie viele Antioxidantien machen aus den Samen ein Top-Superfood. Ob im Müsli, in Smoothies, im Salat oder im Brot, pur oder gequollen als Gel – Chiasamen sind überaus vielseitig einsetzbar.

Blaubeeren (Heidelbeeren): Die kleinen Powerkugeln sind echtes heimisches Superfood. Ein bunter Vitalstoffcocktail macht die dunkelblauen Beeren zu einem wahren Jungbrunnen, der die Zellen frisch hält und Herz und Gefäße schützt. Die blaue Farbe ist nicht nur für die Namensgebung verantwortlich, sondern auch ein sekundärer Pflanzenstoff. Die sogenannten Anthocyane sind ein effektiver Radikalfänger und ein natürliches Anti-Aging-Mittel. Blaubeeren liefern zudem nervenstärkende B-Vitamine und augenschützendes Vitamin A. Noch bessere antioxidative Eigenschaften haben Wildheidelbeeren. Sie sind kleiner und das Fruchtfleisch ist intensiv dunkelblau. Im Sommer kannst du die wilden Beeren im Wald selbst pflücken.

Grünkohl: Der krause Kohl hat in den letzten Jahren dank grüner Smoothies ein Revival erlebt, und das zu Recht. Das grüne Blattgemüse ist ein Powerkohl, der mit seinem hohen Eisengehalt überzeugt.

GRÜNE POWER

Heimisches Superfood wächst auch direkt vor deiner Haustür: Brennnessel, Löwenzahn, Giersch oder Wegerich findest du bei einem Spaziergang auf der Wiese und am Wegesrand. Diese Wildkräuter sind wahre Powerpakete und überzeugen als Anti-Aging-Stars. Die grünen Kräuter eignen sich zum Verfeinern von Salaten und Smoothies.

Zudem trumpft Grünkohl mit einer außerordentlich großen Menge an Kalzium auf: 100 Gramm Kohl enthalten fast doppelt so viel wie Milch. Obendrein liefert der Kohl reichlich knochenschützendes Vitamin K und viel Vitamin C, das die Feuchtigkeit der Haut verbessert. Für die kräftig grüne Farbe sorgt der Pflanzenfarbstoff Chlorophyll. Er ermöglicht die Fotosynthese in Pflanzen und ist somit die Basis für Wachstum. Das Blattgrün unterstützt die Bildung des roten Blutfarbstoffs Hämoglobin und hat eine zellschützende Wirkung. Darüber hinaus soll Chlorophyll eine krebshemmende Wirkung haben. Auch anderes grünes Blattgemüse, wie Spinat, Mangold und Feldsalat, versorgt dich mit reichlich gesundheitsfördernden Vitalstoffen sowie belebendem Chlorophyll.

Quinoa: Das sogenannte Inkakorn aus den Anden wird wie Getreide zubereitet, ist aber keines. Quinoa ist mit Rote Bete und Mangold verwandt, enthält kein Gluten und ist daher für Menschen mit Glutenunverträglichkeit eine Alternative. Die kleinen, nussig schmeckenden Körner überzeugen mit hochwertigem Eiweiß, das alle essenziellen Aminosäuren enthält. Außerdem übertrumpft Quinoa klassisches Getreide mit einer Extraportion an wertvollen Mineralstoffen wie Magnesium, Kalzium und Zink. Der hohe Eisengehalt unterstützt die Blutbildung, sorgt für ein strahlend gesundes Aussehen und ist ein prima Muntermacher. Nicht zuletzt versorgen die kleinen Körner mit herzgesunden Fettsäuren.

Versuche auch einmal **Amarant** – die kleine Schwester des Quinoa liefert ebenfalls viele Vitalstoffe und ist mit ihren Ballaststoffen ein guter Sattmacher. Ein weiteres Superkorn ist die heimische **Hirse**, die wertvolle Inhaltsstoffe enthält. Obendrein ist das Beauty-Korn die Geheimwaffe für glänzendes Haar, kräftige Nägel und schöne Haut.

TAGESPLAN MIT BEAUTY-FAKTOR

Ausgewogene und vollwertige Lebensmittel liefern dem Körper die Grundlage für einen optimalen Stoffwechselprozess. Die heutige Lebensweise belastet aber häufig den Stoffwechsel. Unsere Mahlzeiten sind oft zu kalorienreich, es werden zu viele ungesunde Fette, reichlich Weißmehlprodukte und zu wenig pflanzliche Lebensmittel gegessen.

Das Geheimnis für strahlende Haut und eine Bikinifigur: Die tägliche Nahrung sollte so zusammengesetzt sein, dass du alle wichtigen Nährstoffe, die der Körper braucht, in der richtigen Menge erhältst. Alle Lebensmittel sollten eine hohe Nährstoffdichte haben, d.h. bei relativ wenigen Kalorien gleichzeitig viele Nährstoffe liefern.

BEAUTY-PROGRAMM MIT GENUSSFAKTOR

Sich satt essen, dabei das Gewicht halten und die Haut wirkungsvoll von innen pflegen ist daher ganz einfach: Frisches Obst und Gemüse, so viel du willst. Beeren, Möhren, Tomaten – Obst und Gemüse sind das wahre Nährstoff-Superfood. Bunte knackige Früchte enthalten nicht nur wertvolle Schönheitsvitamine und -mineralstoffe sowie zellschützende Antioxidantien, obendrein trumpfen Obst und Gemüse mit satt machenden Ballaststoffen auf und liefern gleichzeitig wenige Kalorien.

Dazu gibt es Getreide, am besten Vollwert, und Hülsenfrüchte sie liefern reichlich Ballaststoffe und pflanzliches Eiweiß. Leichtes Geflügel und Meeresfisch sorgen für herzgesunde Omega-3-Fettsäuren und ebenfalls hochwertiges Eiweiß. Auch fettarme Milchprodukte wie Käse und Joghurt stehen auf dem Speiseplan. Gesundes Eiweiß fördert die Muskelbildung, aktiviert die Fettverbrennung und ist der Grundbaustoff von Haaren, Haut und Nägeln. In Maßen hochwertiges Fett wie Olivenöl, Rapsöl oder Hanföl sowie Nüsse und Samen sind unverzichtbar für Herz, Gefäße und die Gehirnfunktion. Obendrein sorgen sie für eine geschmeidige Haut. Mit frischen Kräutern erhalten deine Gerichte eine gesunde und aromatische Würze und du versorgst deinen Körper zusätzlich mit zellschützenden Antioxidantien.

START IN DEN TAG

Ein gesundes Frühstück macht munter, fördert die Leistungsfähigkeit und nährt Haut, Haare und Nägel. Sicherlich weißt du bereits, dass das Frühstück die Geheimwaffe für einen schlanken Körper ist. Denn der Körper verbraucht nachts Energie, die er sich aus dem Kohlenhydratspeicher holt. Dieser ist morgens größtenteils erschöpft – dein Körper braucht somit am Morgen ausreichend Startenergie, ansonsten sinkt der Blutzuckerspiegel ab und du wirst von Heißhungerattacken geplagt. Ein geregeltes Frühstück ist also der beste Garant für einen gesunden Start in deinen (Arbeits-)tag.

Auch wenn du zu den Frühstücksmuffeln zählst – Frühstücken ist nur eine Übungssache. Die vorliegenden Rezepte zeigen dir, wie vielfältig der Start aussehen kann. Wer morgens schlecht aus dem Bett kommt, wählt Rezepte, die am Vorabend vorbereitet werden, wie Overnight-Oats – damit sparst du morgens Zeit. Wer morgens nichts hinunterbekommt, kann sich einen Aufstrich oder einen Porridge mit ins Büro nehmen. Du siehst, es gibt keine Ausrede mehr, auf das Frühstück zu verzichten.

MITTAGESSEN – EINE BUNTE MISCHUNG!

Kohlenhydrate wie Nudeln, Reis, Getreide & Co. sollten mittags auf dem Speiseplan stehen. Sie machen zwar schnell, aber weniger dauerhaft satt. Deshalb ist es hilfreich, wenn sie mit eiweißreichen Lebensmitteln wie Hülsenfrüchten, Fisch, Fleisch oder Käse kombiniert werden. Denn Eiweiße sorgen für ein anhaltendes Sättigungsgefühl. Darüber hinaus sollte auf deinem Teller immer etwas Buntes wie Gemüse oder Salat sein!

Wer die Möglichkeit hat, im Büro, in der Kantine oder der Mensa gesunde und frische Gerichte zu bekommen, kann dort ruhig zugreifen. Ansonsten bieten dir die Rezepte in diesem Buch ein ideales Mittagessen, das sich unkompliziert und mit wenig Zeitaufwand zubereiten lässt. Viele Gerichte eignen sich zum Mitnehmen, diese kannst du bereits am Vorabend zubereiten und im Kühlschrank aufbewahren. So bist du gestärkt für die zweite Tageshälfte und beugst dem Leistungstief vor.

Wichtig: Auch das Mittagessen solltest du nicht ausfallen lassen. Es mag Situationen geben, in denen du keine Zeit hast. Allerdings solltest du diese nicht zum Dauerzustand werden lassen. Plane feste Zeiten ein und iss zumindest eine Kleinigkeit, so verhinderst du spätere Heißhungerattacken.

KEINE VERBOTE

Verbote machen meist erst Lust auf mehr. Das kennst du sicherlich noch aus Kindheitstagen, wenn man dir die Schokolade verboten hat. Zu viele Verbote führen meist so weit, dass man diese Lebensmittel dann im Übermaß verschlingt. Gönn dir zwischendurch einmal ein Stück Schokolade, ein Eis oder deinen Lieblingskuchen. Danach kannst du motiviert weitermachen. Du solltest es nur nicht übertreiben!

ABENDS EIWEISSREICH ESSEN

Für den Abend lautet die Devise, leicht Bekömmliches zu essen. Neben dem Hauptakteur Gemüse, das verdauungsfördernde Ballaststoffe liefert, solltest du zu hochwertigem tierischem oder pflanzlichem Eiweiß greifen. Gut passen z. B. Fisch oder Fleisch mit Gemüse. Aber auch Tofu und Getreide, wie Grünkern, Hirse oder Quinoa, sowie Hülsenfrüchte, wie Kichererbsen oder Bohnen, versorgen dich mit hochwertigem pflanzlichem Eiweiß.

Wenn du abends noch Lust auf Kohlenhydrate hast, musst du nicht alle Kohlenhydrate vom Speiseplan streichen, sondern nur die schnell verwertbaren wie Weißmehlprodukte und Zucker. Diese lassen nämlich den Blutzuckerspiegel extrem in die Höhe schnellen. Der Insulinspiegel steigt stark an, was die Fettverbrennung senkt. Dagegen sorgen sogenannte komplexe Kohlenhydrate, langsam verdauliche Kohlenhydrate aus Vollkornprodukten, für einen langsamen Anstieg und eine lange Sättigung. Sie können deinen Speiseplan als Beilage durchaus sinnvoll erweitern.

Ein Abendessen mit hochwertigem Eiweiß und gesunden Kohlenhydraten mit hohem Ballaststoffanteil macht satt und hilft dir, die Fettverbrennung im Körper anzukurbeln – das unterstützt dich effektiv gegen unleidige Fettpölsterchen.

WIE VIELE MAHLZEITEN AM TAG?

Am besten verteilst du die Energiezufuhr auf drei große Mahlzeiten am Tag. Studien zeigen, dass Esspausen von mindestens vier Stunden die Fettverbrennung auf Hochtouren laufen lassen. Wenn sich zwischendurch der kleine Hunger meldet, dann greife auf gesunde Snacks (siehe Seite 15) zurück.

Wirf doch mal einen Blick in deinen Kühl- und Vorratsschrank. Was siehst du dort? Findest du nur Fertiggerichte, Limonade und kaum frisches Obst und Gemüse? Künftig solltest du dafür keinen Platz mehr haben. Schließlich ist dein Körper kein Abfalleimer für künstliche Geschmacksstoffe, Konservierungsstoffe, ungesunde Fette und Zucker. Diese wertlosen Zutaten belasten deinen Stoffwechsel und sorgen für unnötige Fettpölsterchen. Befreie dich davon! Damit dein Körper optimal funktioniert und Haut und Haare wirkungsvoll gepflegt werden, benötigt er gesunde Lebensmittel und reichlich Vitalstoffe – und diese stecken in hochwertiger Nahrung.

RICHTIG PLANEN UND EINKAUFEN

Im Alltag mit womöglich stressigen Tagen im Büro ist es dir wahrscheinlich nicht immer möglich, noch voller Elan im Supermarkt einzukaufen und anschließend zu Hause frisch zu kochen. Deshalb ist es sinnvoll, den Vorratsschrank zu sortieren und einen Wochenplan zu erstellen. So hast du gesunde Alternativen parat und erliegst nicht der Versuchung, Junkfood zu futtern.

Die Erstellung eines Wochenplans hört sich zwar zeitintensiv an, allerdings spart es dir in der Woche Stress und Nerven. Idealerweise überlegst du dir am Wochenende, was du in der kommenden Woche essen möchtest. Die Rezepte in diesem Buch geben dir dazu vielfältige Anregungen. Anschließend notierst du, welche Lebensmittel du vorrätig hast und welche du benötigst. Leicht verderbliche Lebensmittel wie Obst, Gemüse, Fleisch, Fisch oder Eier kannst du dann zwei- bis dreimal die Woche frisch auf dem Markt oder im Supermarkt einkaufen.

AUF VORRAT

Folgende Lebensmittel eignen sich perfekt für die Vorratshaltung. Das heißt nicht, dass du alle aufgeführten Lebensmittel auch im Schrank haben musst. Du kannst auch viele Produkte einfach austauschen und wechselst dann durch.

Getreide und Getreideprodukte wie Couscous, Bulgur, Buchweizen, Hirse, Quinoa, Dinkel oder Haferflocken kannst du gut im Schrank aufbewahren. Bei Reis und Nudeln solltest du die Vollkornvariante wählen – sie hält die Figur in Form. Körner und Mehle sind in der Regel gut haltbar, lediglich frisch gemahlene

Vollkornmehle sollten innerhalb von vier bis acht Wochen verbraucht werden.

Hülsenfrüchte wie Kichererbsen, Bohnen und Linsen sind getrocknet fast unbegrenzt haltbar. Linsen gibt es in unterschiedlichen Farben und Größen, sie sind schnell zubereitet. Bohnen und Kichererbsen müssen meist über Nacht einweichen und lange kochen. Wenn es schnell gehen soll, kannst du zur Dosenvariante greifen, diese sind schon gekocht.

Nüsse und Samen bereichern täglich deinen Speiseplan, deshalb kommen sie in die Vorratskammer. Ganze Nüsse brauchen es trocken und luftig. Geschälte Nüsse und Samen am besten gut verschlossen im Kühlschrank aufbewahren und zügig verbrauchen. Nüsse kannst du übrigens auch gut einfrieren. Geschroteter Leinsamen wird schnell ranzig, deshalb in kleinen Mengen kaufen oder selbst schroten. Chiasamen dagegen sind problemlos mehrere Monate haltbar.

Hochwertige Pflanzenöle immer kühl und dunkel aufbewahren. Besonders empfindliche wie Leinöl und Nussöle in den Kühlschrank stellen. Da sie meist nur kurz haltbar sind, am besten zu kleinen Flaschen greifen. Ganz nebenbei kannst du somit auch für Abwechslung bei den Ölen sorgen.

Tiefgekühlte Produkte wie Obst, Gemüse, Kräuter oder Fisch sind eine prima Alternative, wenn du einmal wenig Zeit zum Kochen hast. Durch das rasche Tiefkühlen bleibt die Qualität erhalten und Nährstoffverluste sind gering. Außerdem sind tiefgekühltes Obst und Gemüse das ganze Jahr über erhältlich und so unabhängig von der Saison.

SÜSSEN, ABER RICHTIG!

Weißer Zucker ist ein leerer Energieträger, der lediglich Kalorien und keinerlei Vitalstoffe enthält. Deshalb gilt, dass du den Zuckerkonsum verringern solltest, denn Zucker ist neben Fett der Hauptverursacher von Übergewicht. Am besten gewöhnst du dir Schritt für Schritt an, deinen Zuckerverbrauch zu reduzieren. Du wirst sehen, dass du mit der Zeit ein anderes Empfinden gegenüber Süßem hast und es dir bald zu „süß" wird.

Süßstoffe und Zuckeraustauschstoffe stehen hoch im Kurs beim Abnehmen. Sie vermitteln dir aber kein natürliches Gefühl der

Süße und werden meist künstlich hergestellt. Es gibt aber auch natürliche, gesündere Alternativen, die du bewusst und in Maßen genießen kannst:

Trockenfrüchte wie Datteln, Feigen, Rosinen oder Aprikosen haben einen hohen Zuckeranteil, der für eine natürliche Süße sorgt. Außerdem sind sie reich an Mineralstoffen und verdauungsfördernden Ballaststoffen.

Agavendicksaft schmeckt eher neutral süß und hat eine deutlich höhere Süßkraft als Zucker – du brauchst also weniger davon.

Ahornsirup enthält im Vergleich zu raffiniertem Zucker rund ein Drittel weniger Kalorien und bringt zusätzlich noch ein paar Mineralstoffe mit.

Honig süßt stärker als Zucker und liefert in geringen Mengen weitere Vitalstoffe sowie antibakterielle Enzyme. Wer den gesundheitlichen Nutzen von Honig erhalten will, sollte darauf achten, ihn nicht über 40 °C zu erhitzen.

Vollrohrzucker stammt aus dem Saft des Zuckerrohrs und enthält den größten Anteil an Mineralstoffen und Spurenelementen. **Brauner Zucker** wird aus der Zuckerrübe gewonnen und mit Rohrzuckersirup ummantelt, der für die braune Farbe und den Geschmack sorgt. In Spuren sind noch Mineralstoffe vorhanden.

Klar sind alle Süßungsmittel Kalorienbomben und sollten daher sparsam eingesetzt werden.

IST „LIGHT/LEICHT" BESSER?

Was als „light" oder „leicht" gekennzeichnet ist, muss nicht weniger Fett und Kalorien enthalten. Der Begriff ist gesetzlich nicht geschützt und kann daher vieles bedeuten – wie beispielsweise leicht bekömmlich, koffeinarm oder alkoholarm. Ein Produkt, das mit „wenig Zucker" beworben wird, muss nicht gleichzeitig weniger Fett enthalten. Statt Zucker wurde dann meist ein Süßstoff oder Zuckeraustauschstoff zugesetzt. Der Fettgehalt kann trotzdem sehr hoch und das Lebensmittel somit sehr energiereich sein.

IN BEWEGUNG KOMMEN

REGELMÄSSIG TRAINIEREN

Trainiere nicht jeden Tag, das führt sonst zu einem Fitness-Burn-out. Es reicht, wenn du zwei- bis dreimal die Woche ein Ausdauertraining mit 30 bis 45 Minuten plus zehn Minuten Kräftigungsübungen machst.

Die Frage nach der richtigen Sportart lässt sich nicht pauschal beantworten, sie sollte dir vor allem Spaß machen. Probiere verschiedene Arten aus, die deinem Typ entsprechen, und wähle dann deinen Lieblingssport aus.

Stundenlanges Sitzen (z. B. im Büro) gefällt dem Körper gar nicht. Aktiv sein ist das Zauberwort – denn das lockt Glückshormone, sorgt für einen schönen Body und gibt dem Stoffwechsel den entscheidenden Kick!

Bevor du nun hochmotiviert loslegst und nach dem ersten Training feststellst, dass du völlig erschöpft bist und keine Lust mehr hast, solltest du eine Bewegungsform wählen, die dir wirklich Spaß macht. Joggen, nur weil es zig andere Menschen machen, kann nicht der richtige Grund sein.

Ein Irrtum ist zudem, dass viele denken, Sport muss richtig anstrengend und schweißtreibend sein, sonst nütze er nichts. Das führt eher dazu, dass du frustriert bist und dir womöglich mehr schadest als nutzt. Viel wichtiger ist, dass du dir eine Sportart suchst, die deinem Typ und deinen Bedürfnissen entspricht.

Denn – die Figur halten und abnehmen ist nur mit sportlicher Bewegung möglich. Mit der richtigen Fitness kannst du deinen Stoffwechsel und damit deinen Energieverbrauch anregen. Regelmäßiges Training unterstützt das Herz-Kreislauf-System, das Immunsystem wird gestärkt und die Durchblutung angeregt. Der Fettstoffwechsel wird angekurbelt und der Muskelaufbau gefördert. All das sorgt für eine straffe Figur, ein besseres Hautbild und ein strahlendes Aussehen. Sportliche Bewegung bringt nicht nur den Körper wieder in Balance, Sport fördert zudem die Ausschüttung des Glücksbotenstoffs Serotonin, das für gute Stimmung sorgt. Und nicht zuletzt werden durch Bewegung Stresshormone wie Cortisol oder Adrenalin abgebaut. Die Insulinausschüttung wird geregelt, sodass du weniger von Heißhungerattacken geplagt wirst.

AUSDAUERTRAINING

Beim Ausdauersport stehen dir verschiedene Möglichkeiten offen – je nachdem, ob du lieber im Fitnessstudio oder im Freien, allein oder in der Gruppe trainierst.

Bei Sportarten wie Nordic Walking, Laufen, Radfahren, Aerobic, Skilanglauf oder Schwimmen kommt dein Körper in Fahrt. Die Muskeln arbeiten, damit sie sich fortbewegen können. Für diese Arbeit braucht der Körper Energie und Sauerstoff. Beides wird über die Blutbahn herangeschafft.

Damit mehr Energie und mehr Sauerstoff zu den Zellen gelangen, muss dein Herz schneller schlagen und du atmest häufiger. Wenn du jetzt mit dem Ziel trainierst, schnell und gut durchgeschwitzt zu sein, dann kommst du erstens außer Puste und zweitens hast du wenig für deinen Fettstoffwechsel getan. Du wirst sicherlich ein gutes Gefühl haben, die Fettpölsterchen allerdings schmelzen nicht, denn es wurden vorwiegend die Kohlenhydratspeicher zur Energiegewinnung geleert.

Wenn du dagegen im gemäßigten Tempo läufst oder schwimmst, dann machst du alles richtig. Dann trainierst du mit optimaler Belastung, bei der du nicht außer Atem gerätst. Im Körper kommt es zu keinem Sauerstoffmangel. Der Fettstoffwechsel funktioniert unter dieser Voraussetzung am besten. Man bezeichnet solche Aktivitäten als aerob – mit dem Einsatz von Sauerstoff –, die Muskeln leiden nicht an Sauerstoffmangel, werden also auch nicht sauer.

Das Herz-Kreislauf-System wird so in Schwung gebracht, die Fettverbrennung angekurbelt und das Immunsystem gestärkt. Und das Beste: Bei regelmäßiger Aktivität verbrennst du nicht nur während des Sports Fett, sondern auch, wenn du auf dem Sofa sitzt. Denn schon nach wenigen Monaten läuft dein Stoffwechsel auf Touren.

KRAFTTRAINING

Hier steht das Muskeltraining im Vordergrund. Der Muskel wird wiederholt einer ausreichend großen Belastung ausgesetzt. Dadurch wird er kräftiger und leistungsfähiger. Keine Sorge, deshalb wirst du nicht gleich zum Bodybuilder. Im Vordergrund beim Krafttraining steht der Muskelerhalt. Mit verschiedenen Kräftigungsübungen erreichst du die Entwicklung und die Verbesserung der Muskelkraft. Trainierte Muskeln sind besser vor Überlastungen und Unfällen geschützt. Du stärkst deine Knochen, Gelenke, Sehnen und Bänder. Der Körper wird stabiler und mobiler. Langfristig hilft es dir auch, der Krankheit Osteoporose vorzubeugen.

Das Krafttraining kannst du im Fitnessstudio an Geräten durchführen. Mit wenig Aufwand kannst du auch zu Hause etwas für deine Muskeln tun. Ohne Geräte und mit einfachen Übungen kannst du effektiv den gesamten Körper trainieren.

DIE ROTE KARTE DEM INNEREN SCHWEINEHUND!

Den Kampf mit dem inneren Schweinehund hat jeder schon einmal erlebt. Ihm beizukommen ist gar nicht so einfach. Wirksame Strategien helfen dir, dich durchzusetzen:

1. Suche dir Gleichgesinnte, mit denen du gemeinsam trainieren kannst.

2. Plane feste Zeiten für deine Bewegung ein, damit du erst gar nicht in Versuchung kommst, keine Zeit zu haben.

3. Sieh Bewegung nicht als lästiges Muss an, sondern denke daran, dass die richtige Fitness dir hilft, gesünder und selbstbewusster durchs Leben zu gehen.

4. Ein Schrittzähler, ein Fitnessarmband oder ein Smartphone können Motivationshilfe für einen aktiveren Alltag sein, indem du überwachst, wie viele Schritte du am Tag gehst.

DIE RICHTIGEN NÄHRSTOFFE BEIM SPORT

Gute Leistungen beim Sport sind nur mit einer optimalen Ernährung möglich, die garantiert, dass dem Körper alle notwendigen Nährstoffe zur Verfügung stehen. Als Freizeitsportler hast du zwar nicht denselben Bedarf wie ein Leistungssportler, aber die richtige Ernährung kann die Fitness unterstützen und das Gewicht unter Kontrolle halten.

Wichtig ist, dass sich die Kalorienaufnahme und der -verbrauch die Waage halten. Du unterstützt deinen Körper nicht, wenn du hungerst. Im Gegenteil, das wirkt nämlich dem Aufbau von Muskelmasse entgegen.

KOMPLEXE KOHLENHYDRATE FÜR DIE AUSDAUER

Ohne Kohlenhydrate läuft im Sport nichts, denn sie sind die zentralen Energielieferanten. Kohlenhydrate, die beim Sport zur Verfügung stehen, sind vor allem in den Muskeln in Form von Glykogen gespeichert. Die Glykogenspeicher füllst du am besten mit komplexen Kohlenhydraten in Form von Vollkornprodukten wie Müsli, Vollkornnudeln oder -brot, Gemüse und Obst. Komplexe Kohlenhydrate machen lange satt, da sie langsam ins Blut wandern. Wer daher bei seiner Ernährung auf Low Carb setzt, der kann keine optimale Leistung bringen. Iss idealerweise zwei bis drei Stunden vor dem Sport kohlenhydratreich, dann sind die Speicher gut gefüllt. Vorsicht: Wenn die aufgenommenen Kohlenhydrate durch Muskelarbeit nicht verbraucht werden, dann machen sie dick.

UNTERSTÜTZT MEHR EIWEISS DIE MUSKULATUR?

Beim Krafttraining werden vor allem die Muskeln stark beansprucht. Für den Aufbau und die Regeneration benötigt der Muskel daher hochwertiges Eiweiß. Als Freizeitsportler bist du mit ausreichend Eiweiß versorgt, wenn die tägliche Energiezufuhr stimmt und du auf eine ausgewogene Zufuhr von Proteinen achtest. Gute Eiweißlieferanten sind mageres Fleisch, wie Rind oder Huhn, Fisch, Käse, magere Milch und Milchprodukte sowie Eier. Aber auch pflanzliches Eiweiß aus Hülsenfrüchten, Nüssen, vollwertigem Getreide, in Form von Nudeln oder Brot, versorgen dich bestens. Idealerweise kombinierst du tierisches und pflanzli-

KRAFT UND AUSDAUER KOMBINIEREN!

Am effektivsten trainierst du, wenn du Ausdauertraining und Kraftübungen kombinierst. Beim Ausdauertraining, wie Radfahren oder Schwimmen, verwertet dein Körper in der ersten Phase schnell verfügbare Kohlenhydrate. Anschließend schaltet der Körper um auf Fettverbrennung. Kraftübungen verbessern deine Muskulatur und erhöhen deinen Grundumsatz. Das bedeutet, dass du auch im Ruhezustand noch weiter Kalorien verbrennst.

Für eine optimale Kombination gehe zuerst Fahrrad fahren und mache anschließend noch ein paar Kräftigungsübungen. Wenn dir das an einem Tag zu viel ist, kannst du beides auch gleichmäßig über die Woche verteilen. Das bedeutet, an einem Tag machst du Ausdauersport und am nächsten ein paar Übungen für die Kräftigung der Muskulatur.

ches Eiweiß, so kann es der Körper am besten aufnehmen. Aber keine Sorge, auch die richtige Kombination ausschließlich pflanzlicher Proteine stellt eine hochwertige Versorgung sicher (siehe Eiweiß, Seite 31).

Vor allem im Fitnessstudio werden oft Eiweißshakes angeboten, die den Muskelaufbau beschleunigen sollen. Das bringt aber außer zusätzlichen Kalorien nichts. Also Hände weg!

APFELSCHORLE – DER PERFEKTE DURST-LÖSCHER

Unmittelbar nach dem Sport solltest du deinen Flüssigkeitsbedarf decken. Ein ausgezeichnetes Getränk ist die Apfelschorle, in einer Mischung von einem Teil Saft und zwei Teilen Wasser. Sie versorgt dich mit komplexen Kohlenhydraten und wichtigen Mineralstoffen, die du während des Sports durch Schwitzen verloren hast. Nicht geeignet sind kalorienreiche Getränke wie Limonade, Colagetränke, unverdünnte Fruchtsäfte und Energydrinks. Sie enthalten viele Kalorien, bleiben außerdem zu lange im Magen und können so den Körper nicht gleich mit wichtigen Vitalstoffen versorgen.

ESSEN VOR DEM TRAINING?

Die letzte größere Mahlzeit solltest du ca. zwei bis drei Stunden vor dem Sport eingenommen haben. Sonst liegt dir das Essen schwer im Magen. Gehörst du zu den Menschen, die sich gern morgens direkt nach dem Aufstehen bewegen, dann solltest du dies nicht mit leerem Magen tun, denn die Kohlenhydratspeicher sind über Nacht geleert worden. Die nötige Energie für den Sport holt sich der Körper dann aus dem Fettgewebe, was auf der einen Seite gut ist. Andererseits birgt es die Gefahr, dass du in Unterzucker kommst und dein Körper nicht mehr leistungsfähig ist. Trinke nach dem Aufstehen reichlich, wie z.B. eine Apfelschorle, und iss eine Banane. Beides versorgt dich mit komplexen Kohlenhydraten und liefert so die beste Grundlage für ein optimales Training.

MEHR BEWEGUNG IM ALLTAG

Mithilfe von Bewegung kannst du deinen Stoffwechsel ankurbeln und somit deinen Energieverbrauch positiv beeinflussen. Ferner sorgst du somit für Stressabbau und gute Stimmung. Bringe konsequent täglich Bewegung in deinen Alltag, das hält dich fit und du hast bereits einen wertvollen Anfang gemacht. Benutze statt des Aufzugs öfter mal die Treppen. Eine weitere Möglichkeit ist es, einfach eine Station früher aus dem Bus oder der Bahn auszusteigen und den restlichen Weg zu Fuß zu gehen. Wenn du lieber mit dem Rad unterwegs bist, dann entscheide dich statt für das Auto oder den Bus fürs Radfahren. Auch zu Hause kannst du aktiver sein. Wenn du viel sitzt, stehe öfter einmal auf und drehe eine kleine Runde. Wie du siehst, hält der Alltag viele Möglichkeiten bereit, sich zu bewegen.

KALORIENVERBRAUCH IM ALLTAG UND BEIM SPORT

Durchschnittlicher Kalorienverbrauch pro Stunde in kcal:

Tätigkeit	Frauen 25–50 Jahre 164 cm 59 kg	Männer 25–50 Jahre 176 cm 74 kg
Bergwandern	335	435
Fußballspielen	390	507
Gartenarbeit	223	290
Gehen (4 km/h)	167	240
Golf	251	326
Gymnastik	223	290
Laufen (10 km/h)	558	725
Laufen (8 km/h)	446	580
Radfahren	335	435
Schwimmen	390	507
Skifahren (alpin)	390	507
Skilanglauf	446	580
Tennis	390	507
Tanzen	251	326

Wenn du dich gesund und ausgewogen ernährst, kannst du dein Idealgewicht am einfachsten halten. Die beste Methode, um abzunehmen, ist, den Fettanteil und die Kalorien der Mahlzeiten auf ein sinnvolles Maß zu reduzieren und gleichzeitig den Kalorienverbrauch sowie die Fettverbrennung durch viel Bewegung zu erhöhen.

Wenn du deinen Tagesplan zusammenstellst, dann achte auf Abwechslung und vermeide „leere Kalorien" in Süßigkeiten, Fast Food & Co.

Die Basis für den Schönheitstagesplan:

» reichlich pflanzliche Kost (frisches Obst, Gemüse und Salat) und Vollkornprodukte (Brot, Getreide, Nudeln und Reis)
» in Maßen tierische Lebensmittel wie Milch, Milchprodukte, Fisch, Fleisch und Eier
» wenig Streichfette, bevorzuge hochwertige pflanzliche Öle
» täglich 1,5 Liter Flüssigkeit wie Wasser oder ungesüßte Getränke
» täglich ein Lebensmittel mit Schönheits-Booster-Effekt

Eine Gewichtsabnahme von einem halben bis zu einem Kilogramm pro Woche ist eine realistische Prognose. Vermeide eine zu strikte Reduktion der Kalorienzufuhr. Das führt meist zu Heißhungerattacken und letztlich zu mehr auf den Hüften. Es reicht bereits aus, wenn du täglich maximal 500 kcal einsparst. So viele Kalorien stecken z. B. in einer Tafel Schokolade. Je langsamer das Gewicht reduziert wird, desto wahrscheinlicher kannst du es halten.

Der Wochenplan versorgt dich täglich mit ballaststoffreichen Gerichten, die satt machen und mit reichlich Beauty-Plus glänzen. Pro Tag sollte die Kalorienzufuhr bei maximal ca. 1400 Kalorien liegen. Für die Bikinifigur solltest du die Esspausen zwischen den drei sättigenden Mahlzeiten einhalten, somit funktioniert die Fettverbrennung optimal. Snacks sind beim Abnehmen ab und an erlaubt, aber aufgrund der hohen Nährstoffdichte der Gerichte auch nicht unbedingt notwendig.

Wer seine Idealfigur nur halten möchte, hat noch Platz für ein bis zwei leichte Extras, um die 1800 Kalorien pro Tag zu erreichen.

SOS-WOCHEN-PLAN

SOS-WOCHENPLAN

Tag	Frühstück	Mittag	Abend	Kalorien pro Tag
1	Weizenkeim-Muffins	Baguette mit Thunfischsalat	Zitronenrisotto mit Kräuterlachs	
	154 kcal	402 kcal	538 kcal	**1094**
2	Erdbeer-Smoothie-Bowl mit Spinat	Gerstensalat mit Gemüse	Tabouléh mit Hirse	
	304 kcal	309 kcal	438 kcal	**1051**
3	Wrap mit Cashewcreme	Brokkolisuppe mit Ingwer (etwa 400 ml)	Pasta Rossa mit Brokkoli	
	846 kcal	132 kcal	326 kcal	**1304**
4	Quinoa-Breakfast-Bowl	Blumenkohlsuppe (etwa 400 ml) + 1 Scheibe Low-Carb-Brot	Gebackene Süßkartoffel	
	383 kcal	342 kcal	458 kcal	**1183**
5	Haferbrei mit Blaubeeren und Granatapfel	Spinatomelett aus dem Varoma + 1 Scheibe Low-Carb-Brot	Gelbes Kichererbsencurry mit Blumenkohlreis	
	343 kcal	347 kcal	452 kcal	**1142**
6	Herzhafte Burritos	Grünkohlsalat	Pistazienpesto mit Zoodles	
	142 kcal	670 kcal	351 kcal	**1163**
7	Haferpancakes mit Mandarinenjoghurt (5 kleine Pancakes)	Quesadillas mit Guacamole	Afrikanische Erdnusssuppe + 1 Scheibe Low-Carb-Brot	
	410 kcal	438 kcal	326 kcal	**1174**

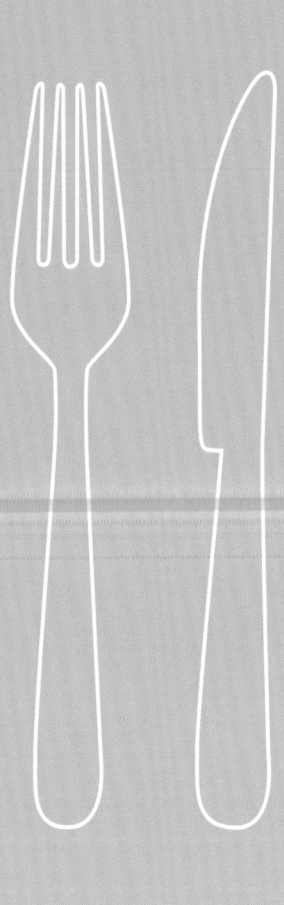

Rezepte

ES DARF GESCHLEMMT WERDEN! DIE GERICHTE SEHEN NICHT
NUR TOLL AUS UND SCHMECKEN KÖSTLICH. SIE ÜBERZEUGEN
AUCH MIT DEM GESUNDEN BEAUTY-PLUS, DAS DICH STRAHLEN
LÄSST UND DEINER TRAUMFIGUR NÄHER BRINGT.

TIPP

Wer es lieber etwas süßer mag, der kann bei Schritt 3 noch etwas Reissirup zugeben.

QUINOA-BREAKFAST-BOWL

ZUTATEN

150 g Quinoa

300 g Mandeldrink +
etwas zum Servieren

¼ TL Meersalz

Mark von
1 Vanilleschote

2 TL Ahornsirup

Schale von
½ Bio-Zitrone

100 g Blaubeeren

100 g Himbeeren

....

2 Portionen
30 Minuten

ZUBEREITUNG

Zuerst den Quinoa in heißem Wasser waschen, um die Bitterstoffe herauszulösen.

Mandeldrink in den Mixtopf einwiegen und **4 Minuten/ 100 °C/Stufe 1** aufkochen.

Den abgetropften Quinoa mit Salz und Vanillemark in den Mixtopf geben und **20 Minuten/90 °C/Linkslauf/Rührlöffelstufe** gar kochen.

Quinoa mit Ahornsirup und fein abgeriebener Zitronenschale abschmecken und mit etwas kaltem Mandeldrink je nach Geschmack verfeinern.

Mit frischen Beeren bestreut servieren.

BEAUTY-PLUS

Quinoa ist nicht nur glutenfrei, sondern enthält auch Kupfer. Dieses Spurenelement versorgt unsere Zellen mit Sauerstoff und sorgt für strahlende Haut. Blaubeeren sind richtige Kraftpakete, die unsere Zellen frisch und gesund halten. Zusammen mit den Himbeeren glänzen sie mit zellschützenden Antioxidantien, die die Haut geschmeidig halten.

HAFERBREI MIT BLAUBEEREN UND GRANATAPFEL

Kalorien
343
pro
Portion

ZUTATEN

160 g kernige
Haferflocken
(Großblatt)

¼ TL Meersalz

Mark von
½ Vanilleschote

3 EL Mandeldrink

1 Handvoll
Mandeln mit Schale

1 Handvoll
Blaubeeren

1 Handvoll
Granatapfelkerne

....

2 Portionen
20 Minuten

ZUBEREITUNG

Haferflocken, 600 g Wasser und Meersalz in den Mixtopf füllen und **5 Minuten/100 °C/Linkslauf/Rührlöffelstufe** aufkochen lassen.

Vanillemark und Mandeldrink zum Haferbrei geben und weitere **10 Minuten/80 °C/Linkslauf/Rührlöffelstufe** garen.

Die Mandeln grob hacken und mit den Blaubeeren und den Granatapfelkernen auf den Haferbrei geben.

BEAUTY-PLUS

Die warmen Haferflocken schmecken nicht nur gut, sondern liefern dem Körper viel Biotin, das die Haare zum Glänzen bringt. Anthocyane in den Blaubeeren sind freie Radikalfänger und sorgen für glatte Haut. Granatapfelkerne sind wegen ihrer roten Pflanzenfarbstoffe (Flavonoide) und Vitamin C sehr gesund.

HAFERPANCAKES MIT MANDARINENJOGHURT

Kalorien
82
pro Pancake

ZUTATEN

Für den Teig:

200 g kernige Haferflocken

2 Bio-Eier

250 g Buttermilch

2 TL Weinstein-backpulver

¼ TL Meersalz

1 TL Zimt

50 g Ahornsirup

Maiskeimöl zum Ausbacken

Für den Mandarinenjoghurt:

150 g Joghurt

Schale und Saft von 1 Bio-Mandarine

Für die karamellisier-ten Nüsse:

1 Handvoll Walnusskerne

1 – 2 EL Ahornsirup

....

18 kleine Pancakes
10 Minuten + Zeit zum Ausbacken der Pancakes

ZUBEREITUNG

Haferflocken in den Mixtopf einwiegen und **30 Sekunden/ Stufe 10** mahlen.

Die restlichen Zutaten für den Teig zugeben und **20 Sekunden/ Stufe 4** verrühren.

Die Pancakes in wenig Maiskeimöl in einer Pfanne ausbacken.

Den Joghurt zusammen mit dem Schalenabrieb und dem Saft der Mandarine verrühren.

Walnüsse mit Ahornsirup in eine Pfanne geben und 5 Minuten bei mittlerer Hitze karamellisieren lassen.

Pancakes mit Joghurt, Nüssen und viel frischem Obst servieren.

BEAUTY-PLUS

Buttermilch sorgt mit ihrem hohen Eiweißgehalt für eine schöne und straffe Haut. Haferflocken haben einen hohen Gehalt an Biotin, das die Zellregeneration anregt. Zudem kurbeln die Ballaststoffe der Haferflocken die Verdauung an. Walnüsse lassen mit Vitamin E die Haut strahlen.

NUSS UND SAAT GRANOLA

Kalorien
218
pro
100 g

ZUTATEN

150 g Leinsamen

100 g Mandeln

50 g Walnusskerne

20 g Kürbiskerne

30 g Sonnen-
blumenkerne

20 g Maiskeimöl

50 g Apfeldicksaft

1 EL Sesam

Mark von
½ Vanilleschote

1 EL Chiasamen

5 getrocknete
Aprikosen

2 El getrocknete Goji-
beeren

....

1 großes Einmachglas
à 1 Liter

10 Minuten +
30 Minuten Backzeit

ZUBEREITUNG

Leinsamen in den Mixtopf einwiegen und **3 Sekunden/ Stufe 10** schroten.

Mandeln, Walnüsse, Kürbis- und Sonnenblumenkerne in den Mixtopf geben und **2 Sekunden/Stufe 6** zerkleinern. Den Inhalt in eine Schüssel umfüllen.

Öl und Apfeldicksaft in den Mixtopf geben und **2 Minuten/ 100 °C/Rührlöffelstufe** aufkochen.

Nussmischung, Sesam, Vanille und Chiasamen in den Mixtopf geben und **30 Sekunden/Linkslauf/Stufe 2** mithilfe des Spatels verrühren.

Die Müslimischung auf einem Backblech verteilen und im vorgeheizten Backofen bei 150 °C Ober-/Unterhitze auf mittlerer Schiene 30 Minuten knusprig backen. Das Müsli dabei alle 10 Minuten umrühren.

Die Aprikosen von Hand klein schneiden oder vorsichtig im Thermomix zerkleinern. Zusammen mit den Gojibeeren unter das abgekühlte Müsli mischen.

BEAUTY-PLUS

Nüsse und Kerne versorgen den Körper mit viel Vitamin E, das für die Hautgesundheit mitverantwortlich ist. Dazu liefern sie gesunde Fette, die das Haar glänzen lassen.

TIPP

Die Frühstückskekse sind mit einem Glas Smoothie ein
perfektes Frühstück zum Mitnehmen.

MANDEL-FRÜHSTÜCKSKEKSE

Kalorien
149
pro
Keks

ZUTATEN

100 g Mandeln

100 g kernige
Haferflocken

100 g feine
Haferflocken

¼ TL Meersalz

2 TL Weinstein-
backpulver

20 g natives Kokosöl
(alternativ
Weizenkeimöl)

100 g sehr reife Bananen

2 Bio-Eier

ca. 30 g Zartbitter-
schokolade

....

14 Stück
5 Minuten +
10 Minuten Teigruhe +
20 Minuten Backzeit

ZUBEREITUNG

Die Mandeln in den Mixtopf einwiegen und **5 Sekunden/ Stufe 6** hacken.

Die Haferflocken, Salz, Backpulver, Öl, Bananen und Eier zugeben und alles **30 Sekunden/Linkslauf/Stufe 4** mithilfe des Spatels vermischen.

Noch mal **5 Sekunden/Stufe 4** ohne Linkslauf zerkleinern.

Den Keksteig in eine Schüssel umfüllen und 10 Minuten ruhen lassen, so weichen die Haferflocken auf und die Kekse lassen sich besser formen.

Mit einem Eisportionierer Teigkugeln auf ein Backblech geben, diese anschließend mit den Händen flach drücken.

Die Schokolade grob hacken und die Kekse mit den Schokoladenstückchen belegen und leicht fest drücken.

Die Kekse im vorgeheizten Backofen bei 180 °C Ober-/Unterhitze auf der mittleren Schiene 15 – 20 Minuten backen.

BEAUTY-PLUS

Bananen sind mit Kalium und Biotin perfekt, um Augenringe zu verringern. Schon eine Banane pro Tag reicht, um die Regeneration des Körpers in Schwung zu bringen.

WEIZENKEIM-MUFFINS

Kalorien
154
pro
Portion

ZUTATEN

220 g Buttermilch

130 g Joghurt

1 Bio-Ei

50 g Weizenkeimöl

70 g Apfeldicksaft

Mark von
½ Vanilleschote

150 g Weizenkeime

120 g Dinkel-
vollkornmehl

5 TL Weinstein-
backpulver

¼ TL Meersalz

½ Apfel (ca. 120 g)

50 g Blaubeeren
(frisch oder gefroren)

Außerdem:

Muffinform für
12 Muffins

....

12 Portionen
10 Minuten

ZUBEREITUNG

Die Buttermilch, Joghurt, Ei, Öl, Apfeldicksaft und das Vanille-mark in den Mixtopf einwiegen und alles **3 Sekunden/Stufe 4** gut verrühren.

Weizenkeime, Mehl, Backpulver und Salz zugeben und **10 Sekunden/Stufe 3** verrühren.

Den in kleine Würfel geschnittenen Apfel und Blaubeeren zugeben **10 Sekunden/Linkslauf/Stufe 3** unterrühren.

Den Teig in 12 Muffinformen füllen und im vorgeheizten Backofen bei 200 °C Ober-/Unterhitze auf der zweiten Schiene von unten 20 Minuten backen.

BEAUTY-PLUS

Saftig fruchtige Frühstücksmuffins mit Weizenkeimen, die mit ihrem Vitamin-E-Gehalt helfen, die Hautalterung zu verlangsamen, und Blaubeeren für ein Extra an Antioxidantien. Das Eiweiß in der Buttermilch sorgt für eine schöne und straffe Haut.

BEAUTY-PLUS

Die Cashewcreme ist eine super vegane Alternative zu Streichkäse. Zudem liefern Cashewnüsse unter anderem Vitamin C, E und das Spurenelement Kupfer und ist somit gut für Haut und Haare.

WRAP MIT CASHEWCREME

Kalorien
846
pro
Portion

ZUTATEN

Für die Marinade:

200 g Bio-Naturtofu

1 Knoblauchzehe

1 TL Tabasco

1 TL getrockneter Oregano

2 TL Pimento de Padron

10 g gutes Olivenöl

20 g Aceto Balsamico

Für die Cashewcreme:

150 g rohe Cashewkerne

20 g Zitronensaft, frisch gepresst

2 EL Hefeflocken

½ Frühlingszwiebel

5 Stängel frische Petersilie

1 TL Dijonsenf

½ TL Meersalz

etwas schwarzer Pfeffer

Für die Wraps:

1 gelbe Paprika

½ Frühlingszwiebel

1 Avocado

1 kleine rote Zwiebel

etwas Olivenöl

2 Wraps

150 g Babyspinat

ZUBEREITUNG

Den Tofu etwa 10 Minuten zum Pressen zwischen zwei Tücher legen und mit einem Topf beschweren.

Für die Marinade den Knoblauch in den Mixtopf geben **5 Sekunden/Stufe 6** zerkleinern, mit dem Spatel nach unten schieben.

Alle weiteren Zutaten für die Marinade in den Mixtopf geben und **10 Sekunden/Stufe 2** verrühren.

Den Tofu in Stücke schneiden und in den Mixtopf geben **30 Sekunden/Rührlöffel/Linkslauf** mit der Marinade verrühren in ein Schraubglas füllen, verschließen und mindestens 1 Stunde im Kühlschrank ziehen lassen.

Für die Cashewcreme die Cashewkerne in lauwarmem Wasser in einer Schüssel für mindestens 4 Stunden einweichen.

Cashewkerne abtropfen, abspülen und in den Mixtopf geben, die restlichen Zutaten zugeben und mehrere Male ein paar Sekunden Stufe 10 pürieren, zwischendurch immer wieder herunterschieben.

Für die Wraps Paprika in Stücken in den Mixtopf geben und **4 Sekunden/Stufe 4** zerkleinern.

Frühlingszwiebel in Ringe schneiden.

Die Avocado halbieren und in Scheiben schneiden.

Zwiebel in Ringe schneiden und in einer Pfanne mit wenig Olivenöl anbraten. Sobald die Zwiebel anfängt Farbe anzunehmen, den Tofu zugeben und rundherum anbraten.

Die Wraps mit Cashewcreme bestreichen, Spinat, Paprika, Avocado und Frühlingszwiebel verteilen. Zum Schluss ein paar Tofuwürfel drauflegen und den Wrap aufrollen.

....

2 Personen
35 Minuten +
1 Stunde Marinierzeit +
4 Stunden Einweichzeit

BEAUTY-PLUS

Tomaten haben dank Lycopin eine antioxidative Wirkung und schützen so die Haut vor Umwelteinflüssen. Grünes Blattgemüse enthält wertvolles Betakarotin, das vor freien Radikalen schützt und so Falten mindern kann.

TIPP

Anstatt Rührei kann man auch ein Omelett im Varoma machen (siehe Rezept Seite 83).

HERZHAFTE BURRITOS

ZUTATEN

Für das Pico de Gallo:

1 Knoblauchzehe

½ – 1 Jalapeno-Chili

40 g Zwiebel

10 g frischer Koriander

200 g frische Tomaten

etwas Limettensaft,
frisch gepresst

Meersalz

Für die Füllung:

1 Frühlingszwiebel

2 Bio-Eier

Meersalz, Pfeffer

etwas Maiskeimöl

4 Tortillas

ca. 2 EL Guacamole
(siehe Seite 85)

4 Handvoll grünes
Blattgemüse
(z. B. Spinat, Portulak,
Rucola etc.)

frischer Koriander
(optional)

....

4 Stück
30 Minuten

ZUBEREITUNG

Knoblauch und Chili (ja nach gewünschter Schärfe ohne Kerne) in den Mixtopf geben und **3 Sekunden/Stufe 7** hacken, anschließend mit dem Spatel nach unten schieben.

Zwiebel zugeben und **3 Sekunden/Stufe 6** zerkleinern, ebenfalls nach unten schieben.

Koriander und in Stücke geschnittene Tomaten in den Mixtopf geben und **2 Sekunden/Stufe 5** zerkleinern. Je nachdem, wie saftig die Tomaten sind, jetzt das Garkörbchen einsetzen und die überschüssige Flüssigkeit abgießen.

Das fertige Pico de Gallo mit Limettensaft und Salz abschmecken.

Die Frühlingszwiebel dritteln und im Mixtopf **5 Sekunden/ Stufe 5** zerkleinern.

Eier, Meersalz und Pfeffer (je nach Geschmack) zugeben und **10 Sekunden/Stufe 4** verrühren.

Das Rührei in einer Pfanne in etwas Maiskeimöl stocken lassen.

Die Tortillas mit Guacamole bestreichen, darauf die grünen Blätter geben, das Rührei und zum Schluss einen Esslöffel Pico de Gallo und nach Geschmack frische Korianderblätter.

Das übrige Pico de Gallo in ein sauberes Schraubglas füllen. Es kann für einige Tage im Kühlschrank aufbewahrt werden.

TORTILLA MIT LEINSAMEN

Kalorien
129
pro
Tortilla

ZUTATEN

20 g Leinsamen

10 g Sesam

5 g Mohn

250 g Dinkel-
vollkornmehl

20 g Hanföl (alternativ
gutes Olivenöl)

....

10 Stück
60 Minuten +
30 Minuten Teigruhe

ZUBEREITUNG

Leinsamen, Sesam und Mohn in den Mixtopf einwiegen und **3 Sekunden/Stufe 10** zerkleinern.

170 g Wasser und restliche Zutaten zugeben und **1,5 Minuten/ Teigknetstufe** kneten, falls der Teig am Mixtopfrand klebt, einen Esslöffel Mehl zugeben und kurz kneten lassen.

Teig auf einer bemehlten Arbeitsfläche zu einer Rolle formen und in 10 Stücke à 50 g teilen. Die Teigstücke zu Kugeln formen und mit einem feuchten Küchentuch bedeckt mindestens 30 Minuten ruhen lassen.

Die Teigkugeln nacheinander mit etwas Mehl ausrollen und in einer Pfanne ohne Öl von beiden Seiten je 2 Minuten bei mittlerer Hitze anbraten.

Die fertigen Tortillas unter einem feuchten Küchentuch vor dem Servieren abkühlen lassen.

BEAUTY-PLUS

Hanföl enthält neben den essenziellen Fettsäuren Omega-3 und Omega-6 auch entgiftendes Chlorophyll. So trägt es zur Regeneration der Haut bei und kann sich positiv auf entzündliche Prozesse auswirken.

TIPP

Reife Bananen in Stücke schneiden und einfrieren. Sie sind perfekt für Milchshakes, Nicecream und Smoothie-Bowls.

TIPP

Mango eine halbe Stunde einfrieren, so lassen sich die Stücke besser zerkleinern.

ERDBEER-SMOOTHIE-BOWL MIT SPINAT

Kalorien
304
pro
Portion

ZUTATEN

50 g Avocado

2 reife gefrorene Bananen

150 g Erdbeeren

50 g frischer Spinat

150 g Mandeldrink

....

2 Portionen

5 Minuten

ZUBEREITUNG

Alle Zutaten in den Mixtopf einwiegen und **30 Sekunden/ Stufe 8** pürieren.

BEAUTY-PLUS

Erdbeeren sind super gesund. Sie fördern den Stoffwechsel, regen das Zellwachstum an und kräftigen das Immunsystem. Spinat bringt zusätzliches Biotin und Eisen für ein ebenmäßiges Hautbild.

BEAUTY-FOOD-TOPPING

Kalorien
33
pro
Esslöffel

ZUTATEN

20 g getrocknete Mango

50 g Leinsamen

20 g Sonnenblumen- kerne

10 g Kürbiskerne

5 g Chiasamen

10 g gepufftes Amarant

10 g Weizenkeime

....

Kleines Einmachglas

250 ml

5 Minuten

ZUBEREITUNG

Getrocknete Mango in den Mixtopf geben und **10 Sekunden/ Stufe 10** zerkleinern.

Leinsamen in den Mixtopf einwiegen und **3 Sekunden/ Stufe 10** schroten.

Sonnenblumen- und Kürbiskerne in den Mixtopf geben und **1 Sekunde/Stufe 6** zerkleinern.

Chiasamen, Amarant und Weizenkeime zuwiegen und **10 Sekunden/Stufe 4/Linkslauf** umrühren. Anschließend das Topping in ein kleines Einmachglas umfüllen.

BEAUTY-PLUS

Leinsamen enthalten Omega-3-Fettsäuren und wirken sich positiv auf den Feuchtigkeitsgehalt der Haut aus. Wer regelmäßig Leinsamen zu sich nimmt, wird mit einer weicheren Haut belohnt.

ROSENKOHL-KARTOFFEL-FRITTERS

ZUTATEN

50 g Zwiebel

5 g Maiskeimöl

250 g Kartoffeln

250 g Rosenkohl

2 EL Kartoffelstärke

2 Bio-Eier

Muskatnuss

Chiliflocken

Meersalz

Pfeffer

Außerdem:

Muffinform für 6 Muffins

································

6 Stück (6 gefüllte
Muffinformen)
10 Minuten +
25 Minuten Backzeit

ZUBEREITUNG

Die Zwiebel schälen und in den Mixtopf geben **3 Sekunden/ Stufe 6** grob zerkleinern.

Die Zwiebelstücke vom Rand herunterschieben, Öl einwiegen und **5 Minuten/120 °C/Stufe 0,5** andünsten.

Kartoffeln schälen und in Stücke schneiden. Zusammen mit dem Rosenkohl zu den Zwiebeln in den Mixtopf geben und **5 Sekunden/Stufe 6** zerkleinern.

Kartoffelstärke und Eier zugeben und **10 Sekunden/ Linkslauf/Stufe 3** verrühren.

Je nach Geschmack noch mit Muskatnuss, Chiliflocken, Salz und Pfeffer abschmecken.

Teig gleichmäßig auf 6 Muffinformen verteilen und auf einem Rost im vorgeheizten Backofen bei 200 °C Ober-/Unterhitze 25 Minuten auf der zweiten Schiene von unten backen.

BEAUTY-PLUS

Rosenkohl enthält richtig viel Vitamin C und zusammen mit den Eiern bringt dieses Mittagessen viele B-Vitamine für eine gesunde Haut auf den Tisch.

SPINATOMELETT AUS DEM VAROMA

Kalorien
197
pro Portion

ZUTATEN

6 Bio-Eier

20 g Milch

1 TL Paprikapulver

1 TL Meersalz

Pfeffer

30 g frischer Babyspinat

100 g Ricotta

1 Bio-Zitrone

Chiliflocken (optional)

....

4 Portionen
10 Minuten +
25 Minuten Garzeit

ZUBEREITUNG

Den Varoma-Einlegeboden mit Backpapier auslegen. Das Papier von unten feucht machen, damit es auf dem Einlegeboden haftet, so lässt es sich einfacher zuschneiden.

Eier, Milch, Gewürze und Spinat in den Mixtopf geben und **10 Sekunden/Stufe 3** verrühren.

Die Eiermischung in eine Schüssel umfüllen. Den Mixtopf ausspülen und 500 g Wasser einfüllen. Den Deckel schließen und den Varoma inklusive Einlegeboden aufsetzen.

Die Eiermischung vorsichtig in den Varoma gießen.

Mit einem Esslöffel einzelne Nocken Ricotta in die Eiermischung geben.

Prüfe, ob das Backpapier die Lüftungsschlitze des Einlegebodens etwas frei lässt, falls nicht, zupfe das Papier etwas zur Seite.

Das Omelett **25 Minuten/Varoma/Stufe 1** garen.

Das fertige Omelett mit etwas Zitronenschalenabrieb und Chiliflocken bestreuen.

BEAUTY-PLUS

Das Omelett schmeckt durch den Blattspinat richtig frisch und ist der perfekte Eiweißlieferant für ein langes Sättigungsgefühl. Spinat und Eier liefern reichlich zellerneuerndes Biotin.

QUESADILLAS MIT GUACAMOLE

Kalorien
438
pro
Portion

ZUTATEN

Quesadillas:

200 g Manchego

1 rote Chili

200 g rote Spitzpaprika

8 kleine Tortillas

4 Handvoll
frischer Spinat

Guacamole:

1 Knoblauchzehe

½ – 1 Chili

1 Avocado

2 Cocktailtomaten

Saft einer ½ Limette

Meersalz

schwarzer Pfeffer,
frisch gemahlen

....

4 Stück

15 Minuten +
10 Minuten Bratzeit

ZUBEREITUNG

Den Käse in Stücken in den Mixtopf geben und **10 Sekunden/ Stufe 8** zerkleinern, anschließend umfüllen.

Die Chilischote je nach gewünschter Schärfe mit Kernen in den Mixtopf geben und **3 Sekunden/Stufe 8** zerkleinern. Mit dem Spatel herunterschieben.

Spitzpaprika entkernen, in grobe Stücke geschnitten in den Mixtopf geben und **2 Sekunden/Stufe 5** zerkleinern.

Den Käse wieder zurück in den Mixtopf geben und **10 Sekunden/ Linkslauf/Stufe 3** vermischen.

Eine Tortilla in eine Pfanne legen und ein Viertel der Käsemi- schung darauf verteilen, darauf eine Handvoll Spinat rupfen und eine zweite Tortilla daraulflegen. Bei mittlerer Hitze so lange ohne Fett braten, bis die Füllung geschmolzen ist. An- schließend wenden und von der anderen Seite anbräunen.

Für die Guacamole die Knoblauchzehe und Chili in den Mix- topf geben und **3 Sekunden/Stufe 5** zerkleinern. Anschlie- ßend runterschieben.

Avocado halbieren, Kern entfernen und das Fruchtfleisch in den Mixtopf geben. **5 Sekunden/Stufe 5** zerkleinern.

Den Schmetterling einsetzen und **20 Sekunden/Stufe 3** cremig rühren.

Den Schmetterling entfernen und das Avocadopüree nicht herunterschieben.

Die beiden Cocktailtomaten in Viertel schneiden und in den Mixtopf geben, **3 Sekunden/Stufe 5** zerkleinern.

Die Guacamole mit Limettensaft, Meersalz und Pfeffer vor dem Servieren abschmecken.

BEAUTY-PLUS

Grünkohl sättigt als Salat ganz wunderbar, gerade in Kombination mit süßen Aprikosen und Feta. Grünkohl versorgt den Körper mit Eisen für einen strahlenden Teint. Die Aprikosen liefern das fettlösliche Vitamin E, das die Haut zart und geschmeidig hält.

GRÜNKOHLSALAT

Kalorien
670
pro
Portion

ZUTATEN

4 Hähnchenbrustfilets (optional)

500 g Grünkohl

16 getrocknete Aprikosen

40 g Haselnusskerne

1 Granatapfel

250 g Feta

Für das Dressing:

1 Knoblauchzehe

30 g Zitronensaft, frisch gepresst

30 g Olivenöl

20 g Hanföl (alternativ nur Olivenöl)

15 g Dijon-Senf

5 g Reissirup

½ TL Meersalz

schwarzer Pfeffer

....

4 Portionen

30 Minuten

ZUBEREITUNG

Hähnchen würzen (siehe Tipp) und in einer Pfanne mit wenig Öl durchbraten oder wahlweise im Varoma dünsten. Zur Seite stellen und abkühlen lassen.

Für das Dressing den Knoblauch in den Mixtopf geben und **5 Sekunden/Stufe 5** zerkleinern, anschließend herunterschieben.

Restliche Zutaten für das Dressing zugeben und **10 Sekunden/ Stufe 4** verrühren.

Grünkohl waschen, trocken schleudern und in mundgerechte Stücke schneiden. In einer großen Schüssel den Grünkohl mit der Hälfte des Dressings für eine gute Minute durchkneten. So bricht die Struktur des Grünkohls auf und er wird weicher und bekömmlicher.

Aprikosen in Streifen schneiden, Haselnüsse in einer Pfanne ohne Öl anrösten und grob hacken. Die Schale vom Granatapfel mittig rundherum einritzen. Nun den Granatapfel aufbrechen und die Kerne mit den Fingern herauslösen.

Den Grünkohl auf vier Teller aufteilen. Granatapfelkerne und Aprikosenstreifen darübergeben. Über den Salat weiteres Dressing nach Geschmack verteilen. Zum Schluss Feta darüberkrümeln und mit Haselnüssen bestreuen.

Optional: Je eine in Streifen geschnittene Hähnchenbrust auf jeden Teller geben.

TIPP

Hähnchengewürz: 1 Knoblauchzehe, 2 EL Paprika edelsüß, 1 EL Thymian, 1 TL schwarzer Pfeffer, ½ TL Meersalz, ¼ TL Chili in den Mixtopf geben und 3 Sekunden/Stufe 7 vermischen.

BEAUTY-PLUS

Grünkern ist unreif geernteter Dinkel, der geröstet und getrocknet wird. Somit bekommen die Bratlinge nicht nur eine besonders würzige Note, sondern warten auch mit jeder Menge B-Vitaminen und einem hohen Anteil an pflanzlichem Eiweiß auf. Die Petersilie liefert wertvolles Chlorophyll, das eine zellschützende Wirkung hat.

GRÜNKERNBRATLING

Kalorien
447
pro
Portion

ZUTATEN

200 g Grünkern (ganz)

1 Knoblauchzehe

1 Bund frische Petersilie

1 EL gekörnte
Gemüsebrühe

2 Bio-Eier

100 g kernige
Haferflocken

½ TL getrockneter
Majoran

1 TL Meersalz

½ TL schwarzer Pfeffer

Schmelzflocken

etwas Maiskeimöl

....

15 Stück
5 Minuten +
20 Minuten Kochzeit +
10 Minuten Quellzeit +
Zeit zum Anbraten

ZUBEREITUNG

Grünkern in den Mixtopf einwiegen und **15 Sekunden/Stufe 9** schroten. Anschließend umfüllen.

Die Knoblauchzehe **5 Sekunden/Stufe 5** zerkleinern und anschließend herunterschieben.

Petersilie zugeben und **10 Sekunden/Stufe 6** zerkleinern. Ebenfalls umfüllen.

500 g Wasser und Gemüsebrühe in den Mixtopf füllen und **4 Minuten/100 Grad/Stufe 1** aufkochen lassen.

Geschroteten Grünkern zur Brühe in den Mixtopf geben und **5 Sekunden/Linkslauf/Stufe 3** vermischen. 20 Minuten im Mixtopf quellen lassen.

Petersilie, Knoblauch und die restlichen Zutaten in den Mixtopf geben und **10 Sekunden/Linkslauf/Stufe 3** vermischen.

Den Teig umfüllen und nochmals 10 Minuten quellen lassen. Sollte die Masse nach den 10 Minuten noch zu flüssig sein, ein paar Esslöffel Schmelzflocken zugeben, bis der Teig formbar ist.

In einer Pfanne mit wenig Maiskeimöl ausbacken.

TIPP

Leicht angebratene Pilze, zum Beispiel Zitronenseitling, eignen sich hervorragend als Suppeneinlage.

BEAUTY-PLUS

Das Geheimnis an dieser veganen Suppe sind die weißen Bohnen. Sie sind ein super Eiweißlieferant und sättigen besonders gut. Mit Glucoraphanin, einem sekundären Pflanzenstoff, fördert Brokkoli die Hautregeneration und wirkt mit seinen Vitaminen vorzeitiger Hautalterung entgegen.

BROKKOLISUPPE MIT INGWER

Kalorien
33
pro
100 ml

ZUTATEN

25 g Schalotten

5 g Rapsöl

10 g Ingwer

500 g Brokkoli

1 l Gemüsebrühe

240 g gekochte
weiße Bohnen

etwas Zitronensaft,
frisch gepresst

Salz

Pfeffer

2 EL Sonnenblumen-
kerne

etwas Zitronenschale

....

1,5 Liter Suppe
30 Minuten

ZUBEREITUNG

Schalotte **5 Sekunden/Stufe 5** zerkleinern, anschließend mit dem Spatel nach unten schieben.

Öl in den Mixtopf einwiegen und Schalottenwürfel **4 Minuten/120 °C (Varoma)/ Stufe 0,5** dünsten.

Ingwer schälen und in den Mixtopf geben, **5 Sekunden/Stufe 8** zerkleinern. Anschließend mit dem Spatel herunterschieben.

Brokkoli in Röschen zerteilen, den Stiel schälen und in grobe Stücke schneiden.

Zuerst die Stiele, dann die Röschen in den Mixtopf geben und **10 Sekunden/Stufe 4** zerkleinern.

Gemüsebrühe angießen und **10 Minuten/100 °C/Stufe 1** garen.

Bohnen zugeben und weitere **10 Minuten/100 °C/Stufe 1** garen.

Die Suppe **30 Sekunden/Stufe 8** pürieren.

Mit Zitronensaft, Salz und Pfeffer abschmecken.

Die Sonnenblumenkerne in einer Pfanne ohne Öl anrösten.

Die Suppe in Tellern anrichten, mit gerösteten Sonnenblumenkernen und wenig Zitronenschale bestreut servieren.

TIPP

Für mehr Geschmack 50 g des selbst gemachten Hummus (Rezept siehe Seite 137) zugeben und unterrühren.

BLUMENKOHLSUPPE

Kalorien
48
pro
100 ml

ZUTATEN

50 g Cashewkerne

1 Knoblauchzehe

5 g Rapsöl

500 g Blumenkohl

2 Kartoffeln

750 g Gemüsebrühe

Meersalz

Pfeffer

etwas Zitronensaft

1 Handvoll Grünkohl-
chips (s. S. 135)

....

1,5 Liter Suppe
4 Stunden Einweichzeit
+ 30 Minuten

ZUBEREITUNG

Die Cashewkerne in einem Glas mit warmem Wasser,
4 Stunden oder über Nacht einweichen und anschließend
abtropfen lassen.

Den Knoblauch in den Mixtopf geben und **5 Sekunden/Stufe 6**
zerkleinern, mit dem Spatel nach unten schieben.

Öl zugeben und **3 Minuten/120 °C (Varoma)/ Stufe 0,5** anbraten.

Blumenkohl in Röschen zerteilen und in den Mixtopf geben,
10 Sekunden/Stufe 3 zerkleinern. Anschließend **5 Minuten/
120 °C (Varoma)/Stufe 0,5** anbraten.

Kartoffeln schälen und in Würfel schneiden, zusammen mit
der Gemüsebrühe in den Mixtopf geben. **20 Minuten/100 °C/
Stufe 1** garen.

Die abgetropften Cashewkerne zugeben und **1 Minute/Stufe 9**
pürieren.

Wer die Suppe lieber etwas flüssiger hat, gibt noch etwas
mehr Brühe zu.

Mit Salz, Pfeffer und etwas Zitronensaft abschmecken.
Mit Grünkohlchips bestreut servieren.

BEAUTY-PLUS

Blumenkohl bringt reichlich Ballaststoffe in die Suppe
und macht trotz weniger Kohlenhydrate lange satt. Die
Cashewkerne liefern hochwertiges pflanzliches Eiweiß,
das ein Beauty-Booster für gesunde Haut, Haare und
Nägel ist.

TIPP

Wer sich etwas Fett sparen möchte, kann das Gemüse im Varoma dämpfen, während die Gerste kocht.

BEAUTY-PLUS

Gerste verbessert mit ihren Ballaststoffen den Stoffwechsel und reduziert das Hungergefühl. Die Süßkartoffel liefert reichlich Betacarotin, das im Körper zu Vitamin A umgewandelt wird, und sorgt so für strahlendes Aussehen. Brokkoli schützt mit Vitamin C als Antioxidants die Zellen.

GERSTENSALAT MIT GEMÜSE

Kalorien
309
pro
Portion

ZUTATEN

200 g Gerste

1 große Süßkartoffel

1 Kopf Brokkoli

1 Schalotte

1 Knoblauchzehe

etwas Olivenöl

Für das Dressing:

10 g glatte Petersilie
(ohne Stängel)

5 g Dill

100 g Joghurt

5 g Zitronensaft

5 g Olivenöl

¼ TL Meersalz

schwarzer Pfeffer nach
Geschmack

....

4 Portionen

30 Minuten

ZUBEREITUNG

Die Gerste in das Garkörbchen einwiegen und gut mit Wasser durchspülen bis das Wasser klar bleibt.

Das Garkörbchen mit der Gerste in den Mixtopf einsetzen und 1 kg Wasser einwiegen.

Gerste **20 Minuten/100 °C/Stufe 1** kochen. Die Gerste durch-rühren und weitere **10 Minuten/100 °C/Stufe 1** garen.

Die Süßkartoffel schälen und in Würfel schneiden.

Den Brokkoli in Röschen zerteilen, den Stiel schälen und in Scheiben schneiden.

Die Schalotte und den Knoblauch schälen und in dünne Scheiben schneiden.

Das Gemüse auf ein Backblech geben mit etwas Olivenöl beträufeln und gut mit den Fingern vermischen. Im vorge-heizten Backofen bei 200 °C Umluft auf mittlerer Schiene 20 Minuten backen.

Petersilie und Dill in den Mixtopf geben und **3 Sekunden/Stufe 8** hacken. Anschließend herunterschieben.

Restliche Zutaten für das Dressing zugeben und **10 Sekunden/Stufe 3** verrühren.

BAGUETTE MIT THUNFISCHSALAT

Kalorien
402
pro
Stück

ZUTATEN

Für den
Thunfischsalat

30 g Schalotten

1 EL Kapern (optional)

15 g Stiele frischer Dill

3 Stiele Staudensellerie

2 Dosen Thunfisch in
eigenem Saft à 130 g
(Abtropfgewicht)

2 EL Zitronensaft

100 g Naturjoghurt
(10 % Fett)

½ – 1 TL Meersalz

schwarzer Pfeffer,
frisch gemahlen

Weitere Zutaten:

6 kleine Baguettes

Gemüse (z. B. Rotkohl,
Feldsalat, Gurke)

....

6 Baguettes
10 Minuten

ZUBEREITUNG

Die Schalotten, Kapern und den Dill in den Mixtopf geben
und **5 Sekunden/Stufe 6** zerkleinern.

Sellerie in Stücken zugeben und **3 Sekunden/Stufe 4** zerkleinern.

Thunfisch abtropfen lassen und mit Zitronensaft und Joghurt in
den Mixtopf geben. **15 Sekunden/Linkslauf/Stufe 2** verrühren.

Mit Salz und Pfeffer abschmecken.

BEAUTY-PLUS

Thunfisch ist ein Spitzenlieferant für Vitamin D, das für
gesunde Zähne und Knochen steht. Sellerie wirkt ent-
giftend und die B-Vitamine der Schalotte begünstigen
die Zellteilung.

TIPP

Besonders lecker wird die Suppe, wenn man anstelle roher Paprika geröstete Paprika benutzt. Siehe Rezept Seite 107 Pasta Rossa.

TOMATENSUPPE VOLL MIT GEMÜSE

Kalorien
29
pro
100 ml

ZUTATEN

50 g Zwiebel

10 g Olivenöl

2 Knoblauchzehen

120 g Möhren

120 g Süßkartoffel

120 g Zucchini

2 rote Paprika

120 g Knollensellerie

400 g ganze Tomaten
aus dem Glas

700 g Passata
(passierte Tomaten aus
der Flasche)

....

2,5 Liter
45 Minuten

ZUBEREITUNG

Die Zwiebel in den Mixtopf geben und dann **3 Sekunden/ Stufe 6** zerkleinern.

Die Zwiebelstücke vom Rand herunterschieben, Öl einwiegen und **5 Minuten/120 °C/Stufe 0,5** andünsten.

Knoblauch, Möhre, Süßkartoffel, Zucchini, Paprika und Knollensellerie zugeben und **3 Sekunden/Stufe 6** zerkleinern.

Tomaten und Passata zugeben und **20 Minuten/100 °C/Stufe 2,5** kochen lassen.

Die Hitze auf 90 °C reduzieren und weitere 10 Minuten kochen lassen.

Die Hälfte der Suppe umfüllen, die verbliebene Suppe für **30 Sekunden/Stufe 9** pürieren. Wieder umfüllen.

Nun die zweite Hälfte der Suppe ebenfalls **30 Sekunden/Stufe 9** pürieren.

BEAUTY-PLUS

In dieser Suppe steckt jede Menge gesundes Gemüse. Viele Vitamine, Karotin und Lycopin beschützen die Haut vor vorzeitiger Hautalterung.

GEBACKENE SÜSSKARTOFFEL

ZUTATEN

2 große Süßkartoffeln

120 g geputzter
Rosenkohl

20 g Radieschen

80 g Apfel

1 TL Olivenöl

1 TL Apfelessig

¼ TL Meersalz

schwarzer Pfeffer,
frisch gemahlen

125 g Feta

½ Granatapfel

....

2 Süßkartoffeln
10 Minuten +
45-60 Minuten Backzeit

ZUBEREITUNG

Süßkartoffeln gründlich unter Wasser abbürsten, abtrocknen und im vorgeheizten Backofen bei 200 °C Ober-/Unterhitze 45 – 60 Minuten backen.

Rosenkohl, Radieschen, in Stücke geschnittener Apfel, Öl, Essig, Salz und Pfeffer in den Mixtopf geben und alles **5 Sekunden/ Stufe 5** zerkleinern.

Die weichen Süßkartoffeln in der Mitte tief einschneiden, aber nicht durchschneiden. Die Kartoffeln auseinanderdrücken und die Füllung hineingeben.

Mit zerkrümelten Feta und Granatapfelkernen bestreut servieren.

BEAUTY-PLUS

Äpfel sind wahre Alleskönner. Sie stecken voller Vitamine und Antioxidantien, mit denen sie freie Radikale im Körper binden können. Rosenkohl gibt zusätzliches Vitamin C, Folsäure und Thiamin. Die Süßkartoffel liefert reichlich Betacarotin, sorgt für eine strahlende Haut.

Tabouléh ist ein Petersiliensalat aus der arabischen Küche. Schon 15 Gramm Petersilie versorgen uns mit einer Tagesration Vitamin K und reichlich Vitamin C, Folsäure und Eisen für gesundes Zellwachstum und einen frischen Teint.

TABOULÉH MIT HIRSE

ZUTATEN

120 g Hirse

½ TL Brühe

80 g glatte Petersilie

½ Bund frische Minze

250 g Fleischtomaten, entkernt

200 g Gurke, entkernt

50 g Zitronensaft

40 g Hanföl

½ TL Meersalz

Pfeffer

Radieschensprossen (optional)

Blaubeeren (optional)

....

2 Portionen
15 Minuten + 12 Minuten Quellzeit

ZUBEREITUNG

Die Hirse in einem feinen Sieb gut durchspülen.

Gewaschene Hirse mit 250 g Wasser und der Brühe in den Mixtopf geben und **5 Minuten/100 °C/Linkslauf/Stufe 0,5** aufkochen lassen.

Weitere 12 Minuten im Mixtopf quellen lassen, anschließend **10 Sekunden/Linkslauf/Stufe 0,5** auflockern.

Die Hirse umfüllen und abkühlen lassen.

Petersilie und abgezupfte Minzblätter in den gespülten, kalten Mixtopf geben und **5 Sekunden/Stufe 6** hacken.

Tomaten vierteln und die wässrigen Kerne entfernen, in den Mixtopf geben.

Gurke längs vierteln und die Kerne herausschneiden, in Stücke schneiden und ebenfalls in den Mixtopf geben.

Zitronensaft, Öl, Salz und Pfeffer in den Mixtopf geben und **2 Sekunden/Stufe 5** zerkleinern. Falls die Stücke noch zu groß sind, sekundenweise weiter zerkleinern.

Hirse zugeben und **10 Sekunden/Linkslauf/Stufe 2** unterrühren.

Den Salat umfüllen und eine halbe Stunde ziehen lassen.

Wer mag, kann den Salat mit Radieschensprossen und einer Handvoll Blaubeeren bestreut servieren.

BEAUTY-PLUS

Zitrone und Kräuterlachs passt perfekt zusammen. Lachs ist reich an gesunden Fettsäuren, wie Omega-3, die für den Zellaufbau der Haut benötigt werden. Auch das Sonnenvitamin D bringt der Fisch auf den Teller und schützt so die Haut doppelt. Die Zitrone mit viel Vitamin C ist antioxidativ und stärkt das Immunsystem und beugt vorzeitiger Hautalterung vor.

ZITRONENRISOTTO MIT KRÄUTERLACHS

Kalorien
538
pro
Portion

ZUTATEN

Für das Pesto:

20 g Basilikum

20 g glatte Petersilie

15 g Pinienkerne

15 g Parmesan

10 g Olivenöl

1 TL Zitronensaft

Weitere Zutaten:

4 Lachsfilets mit Haut à 120 g

Für das Zitronenrisotto:

1 Bio-Zitrone

20 g Parmesan

1 Zwiebel

10 g Olivenöl

300 g Risottoreis (Arobio)

800 g Gemüsebrühe

....

4 Portionen
30 Minuten

ZUBEREITUNG

Alle Zutaten für das Pesto in den Mixtopf einwiegen und **15 Sekunden/Stufe 8** zerkleinern.

Den Lachs mit der Hautseite nach unten in den Varoma legen und das Pesto gleichmäßig auf den vier Stücken verteilen.

Schale der Zitrone abreiben und zur Seite stellen, Saft auspressen.

Parmesan in den Mixtopf geben und **10 Sekunden/Stufe 10** reiben, anschließend umfüllen.

Die Zwiebel in den Mixtopf geben und dann **3 Sekunden/ Stufe 6** zerkleinern.

Die Zwiebelstücke vom Rand herunterschieben, Öl einwiegen und **5 Minuten/120 °C/Stufe 0,5** andünsten.

Reis zugeben und **3 Minuten/120 °C/Linkslauf/Stufe 1** dünsten.

Gemüsebrühe und Zitronensaft angießen und **15 Minuten/ Varoma/Linkslauf/Rührlöffelstufe** kochen.

Varoma nach 5 Minuten Kochzeit aufsetzen!

Das fertige Risotto mit der Zitronenschale, Salz und Pfeffer würzen. Auf vier Teller verteilen und mit je einem Stück Lachs darauf servieren.

PASTA ROSSA MIT BROKKOLI

Kalorien
326
pro
Portion

ZUTATEN

4 rote Paprika

1 Knoblauchzehe

60 getrocknete Tomaten
in Öl, abgetropft

2 TL getrockneter
Oregano

¼ TL Chilipulver

Meersalz

Pfeffer

300 g Brokkoli
(ohne Stiel)

250 g Pasta
(z. B. Maccheroni)

Veganer Parmesan

40 g Sesam

10 g geschälte
Hanfsamen

5 g Hefeflocken

¼ TL Meersalz

....

4 Portionen
20 Minuten Backzeit +
25 Minuten

ZUBEREITUNG

Die Paprika waschen, halbieren und entkernen. Die Paprikahälften mit der Schnittfläche nach unten auf ein Backblech legen. Im Backofen bei 230 °C Oberhitze oder Grillstufe auf der obersten Schiene so lange backen, bis die Haut schwarze Blasen wirft (ca. 15 – 20 Minuten).

Die Paprika in ein Glas geben und verschlossen abkühlen lassen. Anschließend lassen sich die Paprika ganz einfach häuten, den ausgetretenen Saft aufheben.

Den Knoblauch in den Mixtopf geben und 5 **Sekunden/Stufe 6** zerkleinern, mit dem Spatel nach unten schieben.

Gehäutete Paprika und Saft, Tomaten und Gewürze in den Mixtopf geben und **30 Sekunden/Stufe 7** pürieren.

Mixtopf spülen und 1,5 kg Wasser und 1 TL Meersalz **15 Minuten/ Varoma/Stufe 1** aufkochen lassen.

Währenddessen den Brokkoli putzen und die Röschen in den Varoma legen. Die größeren Röschen nach unten, die kleineren in den Varoma-Einlegeboden.

Die Nudeln in das Garkörbchen geben und in den Mixtopf hängen. Varoma aufsetzen und weitere **12 Minuten/Varoma/ Stufe 1** kochen.

Für den veganen Parmesan alle Zutaten in den Mixtopf geben und **5 Sekunden/Stufe 10** pulverisieren.

Die Nudeln abtropfen lassen, anschließend mit der Soße mischen und gedünsteten Brokkoli darauf anrichten. Mit veganem Parmesan bestreut servieren.

TIPP

Das grüne Blattgemüse klein schneiden und roh auf die Suppentassen verteilen. So bleiben mehr Nährstoffe erhalten und die Suppe schmeckt noch frischer.

AFRIKANISCHE ERDNUSSSUPPE

Kalorien
44
pro
100 ml

ZUTATEN

50 g Zwiebel

2 Knoblauchzehen

10 g Olivenöl

10 g Ingwer

1 rote Chili (optional)

1000 g Gemüsebrühe

1 Lorbeerblatt

100 g Erdnussbutter

400 g Tomaten aus dem Glas

100 g grünes Blattgemüse (z.B.Spinat, Mangold, Grünkohl, Feldsalat)

Meersalz

schwarzer Pfeffer, frisch gemahlen

....

2 Liter

60 Minuten

ZUBEREITUNG

Zwiebel und Knoblauch in den Mixtopf geben und **3 Sekunden/ Stufe 6** zerkleinern.

Die Zwiebelstücke vom Rand herunterschieben, Öl einwiegen und **5 Minuten/120 °C/Stufe 0,5** andünsten.

Ingwer und, wer es etwas schärfer mag, die Chili zugeben und **5 Sekunden/Stufe 7** zerkleinern.

Gemüsebrühe angießen, Lorbeerblatt und **20 Minuten/90 °C/ Linkslauf/Stufe 1** köcheln lassen.

Lorbeerblatt entfernen.

Erdnussbutter in den Mixtopf geben und **5 Minuten/90 °C/ Stufe 2** auflösen lassen.

Tomaten und grob gehacktes Blattgemüse zugeben und weitere **15 Minuten/90 °C/Linkslauf/Stufe 1** kochen lassen.

Suppe mit Salz und Pfeffer abschmecken.

BEAUTY-PLUS

Erdnüsse sind für mich die verkannten Superhelden unter den Nüssen. Sie sind eine hervorragende Quelle für das hautgesunde Vitamin E und wichtige Spurenelemente. Erdnüssen sollen sogar das Risiko von Herzerkrankungen senken, da sie die Blutgefäße gesund und elastisch halten. Tomaten liefern Lykopin, der rote Farbstoff schützt die Haut gegen UV-Strahlung und wirkt so vorzeitiger Hautalterung entgegen.

HERZHAFTE WAFFEL-SANDWICHES

Kalorien
298
pro
Sandwich

ZUTATEN

100 g Räuchertofu
(alternativ magere
Schinkenwürfel)

100 g würziger Käse
(z. B. alter Gouda)

3 Frühlingszwiebeln

3 Bio-Eier

500 g Buttermilch

200 g Dinkel-
vollkornmehl

50 g Weizenkeime

2 TL Weinstein-
backpulver

½ TL Meersalz

schwarzer Pfeffer,
frisch gemahlen

....

12 Waffeln, ergibt
6 Sandwiches
10 Minuten + Zeit zum
Waffelnbacken

ZUBEREITUNG

Den Tofu in Würfel schneiden und in der Pfanne anbraten, ggf. auf Küchenpapier abtropfen lassen.

Käse und Lauchzwiebeln in Stücke geschnitten in den Mixtopf geben und **5 Sekunden/Stufe 7** reiben.

Restliche Zutaten inklusive Räuchertofu zugeben und **10 Sekunden/Stufe 3** verrühren.

Den Teig in einem Brüsseler Waffeleisen ausbacken.

Die Waffeln abkühlen lassen und nach Lust und Laune mit frischem Gemüse belegen.

BEAUTY-PLUS

Buttermilch liefert reichlich Eiweiß, das die Kollagen-bildung unterstützt. Weizenkeime sind gute Zinkliefe-ranten, wovon Haut, Haare und Nägel profitieren. Eier geben der Haut zusätzliches Vitamin H, das den Feuch-tigkeitsgehalt verbessert.

GELBES DAL

Kalorien
83
pro
Portion

ZUTATEN

10 g frischer Ingwer

5 g frische Kurkuma

1 Schalotte

5 g Kokosöl

100 g Möhre

1 TL 5-Sterne-
Gewürzpulver

½ TL Zimt

125 g Moong Dal
(geschälte, halbe
Mungbohnen)

Meersalz

schwarzer Pfeffer,
frisch gemahlen

frischer Koriander
(optional)

Rosinenreis:

125 g Reis (Basmati
Vollkornreis)

½ TL Meersalz

2 Ochsenherztomaten

1 EL Rosinen

··

4 Portionen
50 Minuten

ZUBEREITUNG

Ingwer, Kurkuma und Schalotte schälen und **3 Sekunden/Stufe 8** fein zerkleinern.

Öl zugeben und **4 Minuten/120 °C/Rührlöffelstufe** anrösten.

Möhre schälen und in Stücke geschnitten in den Mixtopf geben. **2 Sekunden/Stufe 5** stückig zerkleinern. Mit dem Spatel herunterschieben. Mit 5-Sterne-Gewürzpulver und Zimt würzen.

Garkörbchen einhängen und Moong Dal einwiegen. 500 g Wasser einfüllen und **20 Minuten/Varoma/Linkslauf/Stufe 1** garen.

Dal und Garflüssigkeit in einen Topf umfüllen, umrühren und zugedeckt ziehen lassen, bis der Rest des Essens fertig ist.

Mixtopf und Garkörbchen spülen.

Für den Rosinenreis den Reis in das Garkörbchen einwiegen und anschließend gut spülen.

1000 g Wasser und Salz in den Mixtopf geben, gespülten Reis im Garkörbchen einsetzen.

Tomaten waschen und halbiert in den Varoma setzen.

Varoma aufsetzen und **20 Minuten/Varoma/Stufe 3** Reis und Tomaten garen.

Die Rosinen in warmem Wasser einweichen.

Den Reis in eine Schüssel geben und mit den abgetropften Rosinen vermischen.

Das Dal mit Salz und Pfeffer abschmecken.

Zum Anrichten Reis und Dal auf einen Teller geben. Eine halbe Tomate mit der Schnittfläche nach unten daraufsetzen und die Haut abziehen. Mit frischem Koriander bestreut servieren.

PISTAZIENPESTO MIT ZOODLES

Kalorien
351
pro Portion

ZUTATEN

1 Knoblauchzehe

50 g Pistazien
(geröstet ohne Schale)

30 g Parmesan

20 g frische Petersilie

5 g frische Minze

80 g natives Olivenöl

Für die Zoodles

2 große Zucchini

....

1 Glas à 150 ml,
etwa 4 Portionen
10 Minuten
für das Pesto

ZUBEREITUNG

Die Knoblauchzehe in den Mixtopf geben und **5 Sekunden/ Stufe 5** zerkleinern.

Die Pistazien und den Parmesan zugeben und **5 Sekunden/ Stufe 5** zerkleinern.

Petersilie mit Stängeln der Länge nach halbieren und mit den Minzblättern zugeben **10–15 Sekunden/Stufe 6** zerkleinern.

Olivenöl zugeben und zweimal **10 Sekunden/Stufe 6** pürieren, zwischendrin mit dem Spatel nach unten schieben.

Pro Person 2 große Zucchini mit einem Spiralschneider in Zoodles schneiden, mit dem Pesto vermischt auf Tellern anrichten.

BEAUTY-PLUS

Pistazien enthalten neben ungesättigten Fettsäuren Spurenelemente, die die Augen schützen und den Blutdruck unterstützen. Mit Nudeln aus Zucchini kann man Kohlenhydrate reduzieren. Petersilie reinigt mit Chlorophyll das Blut und unterstützt so den Körper bei der Entgiftung.

TIPP

Für einen kräftigeren Geschmack ein bis zwei Teelöffel Brotgewürz zugeben.

BEAUTY-PLUS

Wer abends gerne eine Scheibe Brot isst und auf Kohlenhydrate möglichst verzichten möchte, für den ist dieses Eiweißbrot genau das Richtige. Es bleibt lange weich, sollte aber ab dem zweiten Tag im Kühlschrank aufbewahrt werden. Chiasamen liefern hochwertiges Eiweiß, das gut sättigt und den Körper bei der Kollagenbildung unterstützt. Leinsamen enthalten Omega-3-Fettsäuren und wirken sich positiv auf den Feuchtigkeitsgehalt der Haut aus.

LOW-CARB-BROT

Kalorien
150
je
Scheibe

ZUTATEN

30 g Chiasamen

30 g Leinsamen

3 Bio-Eier

250 g Magerquark

200 g Haferkleie

20 g Weizenkeime

1 Päckchen Weinstein-
backpulver

1 TL Meersalz

Je 1 TL Sesamsamen,
Sonnenblumen- und
Kürbiskerne

....

1 Brot
10 Minuten +
60 Minuten Backzeit

ZUBEREITUNG

Chia und Leinsamen in den Mixtopf einwiegen und **5 Sekunden/ Stufe 10** schroten, anschließend umfüllen.

Mixtopf ausspülen und den Schmetterling einsetzen.

Eier trennen, das Eiweiß in den Mixtopf geben und **4 Minuten/ Stufe 3,5** steif schlagen. Anschließend umfüllen.

Quark, 110 g Wasser und Eigelb in den Mixtopf geben und **10 Sekunden/Stufe 3** verrühren.

Haferkleie, Weizenkeime, geschrotete Samen, Backpulver und Salz zugeben und **20 Sekunden/Stufe 3** verrühren.

Eischnee zugeben und weitere **30 Sekunden/Stufe 3** verrühren.

Den Teig in eine kleine gefettete Kastenform geben, mit etwas Wasser glatt streichen und mit der Kernmischung bestreuen.

Das Brot im vorgeheizten Backofen 10 Minuten bei 200 °C Ober-/ Unterhitze backen. Die Temperatur auf 180 °C verringern und weitere 50 Minuten backen.

BEAUTY-PLUS

Warum eine fertige Currypaste mit einer ellenlangen Zutatenliste kaufen, wenn man in wenigen Minuten eine strahlend gelbe Currypaste selber gemixt hat. Kurkuma und Ingwer geben dem Curry eine gute Portion Antioxidantien, die die Haut vor vorzeitiger Faltenbildung schützen. Blumenkohl hat einen hohen Gehalt an antioxidativem Vitamin C und ist perfekt für eine Low-Carb-Ernährung. Kichererbsen punkten mit hohem Eisengehalt für schöne Haut und feste Nägel. Dazu machen sie durch ihr pflanzliches Eiweiß lange satt.

TIPP

Wem hier die Kohlenhydrate fehlen, ersetzt den Blumenkohl durch 125 g Vollkornbasmatireis. Den Reis vor dem Curry kochen und warm stellen.

GELBES KICHERERBSEN-CURRY MIT BLUMENKOHLREIS

ZUTATEN

Für den Blumenkohlreis:
500 g Blumenkohl

Für die gelbe Currypaste:
5 g frische Kurkuma
10 g frischer Ingwer
2 Knoblauchzehen
1 rote Chilischote
Schale einer Bio-Limette
Saft einer ½ Bio-Limette
1 rote Zwiebel
½ TL schwarzer Pfeffer
1 TL Meersalz
1 Bund frischer Koriander

Für das Curry:
40 g rote Zwiebel
10 g Kokosöl
100 g Möhre
150 g Süßkartoffel
2 EL gelbe Currypaste
200 g gekochte Kichererbsen
400 g Kokosmilch
50 g Babyspinat
Cashewkerne (optional)
frischer Koriander (optional)

....

2 Portionen
35 Minuten

ZUBEREITUNG

Den Blumenkohl in große Röschen zerteilen und in den Mixtopf einweigen, **10 Sekunden/Stufe 4** zerkleinern. Anschließend in den Varoma umfüllen.

Jetzt alle Zutaten für die Currypaste in den Mixtopf geben und **10 Sekunden/Stufe 8** zerkleinern. Alles vom Rand herunterschieben und nochmals **10 Sekunden/Stufe 8** zerkleinern. So lange wiederholen, bis eine stückige Paste entstanden ist.

Die Zwiebel schälen und zusammen mit dem Öl in den Mixtopf geben. Die Zwiebel zweimal **3 Sekunden/Stufe 5** zerkleinern, zwischendurch die Zwiebel mit dem Schaber herunterschieben.

Zwiebelstückchen **4 Minuten/Varoma/Rührlöffelstufe/Stufe 0,5** (Rührlöffel) im Kokosöl dünsten.

Währenddessen die Möhre und Süßkartoffel schälen und in kleine Stücke schneiden. Möhre, Süßkartoffel und Currypaste in den Mixtopf geben und weitere **4 Minuten/Varoma/Rührlöffelstufe/ Stufe 0,5** dünsten.

Abgetropfte Kichererbsen und Kokosmilch in den Mixtopf einwiegen, **15 Minuten/Varoma/Linkslauf/Rührlöffelstufe** köcheln lassen.

Nach 5 Minuten den Varoma aufsetzen, sodass der Blumenkohlreis erhitzt wird.

Als nächstes den Babyspinat in Streifen schneiden und unter das fertige Curry mischen.

Das Curry mit Salz und Limettensaft abschmecken und zusammen mit dem Blumenkohlreis servieren.

Cashewkerne in einer Pfanne ohne Öl bei mittlerer Temperatur rösten. Das Curry mit den Cashewkernen und frischem Koriander bestreut servieren.

TIPP

Sind die Datteln sehr trocken, sollten sie vor dem Mixen für 15 Minuten in warmen Wasser eingeweicht werden.

KURKUMA-ENERGY-BALLS

Kalorien
22
pro
Stück

ZUTATEN

100 g Medjool-Datteln

5 g frische Kurkuma
(alternativ 1 TL
Kurkumapulver)

50 g feine Haferflocken

20 g Sesam +
30 g zum Wälzen

Schale von
1 Bio-Zitrone

Saft von
1 Bio-Zitrone

36 Stück
10 Minuten

ZUBEREITUNG

Datteln ohne Kerne mit frischem Kurkuma in den Mixtopf einwiegen und **10 Sekunden/Stufe 6** zerkleinern. Mit dem Spatel nach unten schieben.

Die restlichen Zutaten einwiegen und **30 Sekunden/Stufe 7** zu einem klebrigen Teig verrühren.

Den Teig in eine Schüssel umfüllen und mit einem kleinen Löffel ($^1/_2$ Teelöffel) zu kleinen Kugeln formen.

Den übrigen Sesam in eine Schüssel geben und die Kugeln darin wälzen.

Die fertigen Kurkuma-Energy-Balls in einem geschlossenen Glas im Kühlschrank aufbewahren.

BEAUTY-PLUS

Kurkuma verleiht den Energy Balls eine tüchtige Portion Antioxidantien und schützt die Haut vor Faltenbildung. Sesam bringt zusätzliches Vitamin E für samtige Haut. Die Haferflocken kurbeln die Zellerneuerung durch Biotin an.

NUSSCRACKER

ZUTATEN

270 g gemischte Nüsse

30 g Chiasamen
(alternativ Leinsamen,
geschrotet)

1 Bio-Ei

1 TL Meersalz

1-2 EL Dukkah zum
Bestreuen

....

1 Backblech,
ca. 80 Cracker
10 Minuten +
15 Minuten Backzeit

ZUBEREITUNG

Nüsse und Chiasamen in den Mixtopf einwiegen und
5 Sekunden/Stufe 8 mahlen.

Restliche Zutaten zugeben und **30 Sekunden/Stufe 3,5** verrühren.

Die Masse auf ein Backblech streichen, mit etwas Wasser bestreichen und mit ein bis zwei Esslöffeln Dukkah bestreuen.
Anschließend mit den Händen festdrücken.

Die Masse in Stücke schneiden und im vorgeheizten Backofen auf
mittlerer Schiene bei 180 °C Ober-/Unterhitze 15 Minuten backen.

BEAUTY-PLUS

Nüsse haben zugegeben viel Fett, aber dafür gesunde
essenzielle Fettsäuren. Dazu werfen sie mit Vitaminen
und Mineralstoffen nur so um sich. Sie können zu einem gesunden Hautbild beitragen und sättigen mit
pflanzlichem Eiweiß.

DUKKAH-GEWÜRZMISCHUNG

Kalorien
36
pro
10 g

ZUTATEN

50 g Haselnusskerne

20 g Mandeln

30 g Sesam

10 g schwarzer Sesam

1 TL Fenchelsamen

15 g Koriandersamen

1 TL Meersalz

½ TL getrocknete Minze

2 TL Paprikapulver,
edelsüß

....

2 kleine Einmachgläser
à 150 Milliliter
10 Minuten

ZUBEREITUNG

Nüsse, Mandeln und Samen abwiegen und auf einem Backblech 5 Minuten bei 180 °C im Backofen auf mittlerer Schiene
anrösten. Alternativ können die Nüsse und Samen auch in einer Pfanne ohne Fett angeröstet werden.

Die Nussmischung komplett auskühlen lassen.

Die Nussmischung mit den anderen Zutaten in den Mixtopf
geben und **3 Sekunden/Stufe 8** zerkleinern.

BEAUTY-PLUS

Schwarzer Sesam ist reich an Kalzium, das für den
Aufbau von Gelenken, Knochen und Zähnen gebraucht
wird. Er enthält essenzielle Aminosäuren, die auf Haut,
Haare und Nägel kräftigend wirken. Das Vitamin E der
Nüsse ist das Hautvitamin und wirkt zellerneuernd.

TIPP

Dukkah ist eine orientalische Gewürzmischung, die
man für fast alles verwenden kann. Ich dippe gerne
Rohkost hinein, streue sie über Quark zu Ofengemüse
oder würze meine Cracker (siehe Seite 123) damit.

GLOW BARS

Kalorien
101
pro
Stück

ZUTATEN

20 g Chiasamen

30 g Leinsamen

150 g Reissirup

50 g Sonnenblumen-
kernmus

5 g Hanföl

150 g kernige
Haferflocken

20 g gepufftes Amarant

40 g Pistazien

40 g getrocknete
Kirschen

20 g Kakaonibs

20 g geschälte
Hanfsamen

....

20 Stück
10 Minuten +
60 Minuten Ruhezeit

ZUBEREITUNG

Chia und Leinsamen in den Mixtopf einwiegen und **5 Sekunden/
Stufe 8** schroten. Umfüllen.

Reissirup, Sonnenblumenkernmus und Öl in den Mixtopf
geben und **4 Minuten/100 °C/Stufe 0,5** aufkochen.

Restliche Zutaten in den Mixtopf geben und **20 Sekunden/
Linkslauf/Stufe 3** verrühren.

Die Masse auf ein kleines, mit Butterbrotpapier ausgelegtes
Blech geben und festdrücken. Das Blech für mindestens eine
Stunde in den Kühlschrank stellen, damit die Masse fest wird.

Die Müsliriegelmasse mithilfe des Butterbrotpapiers aus der
Form heben und in Riegel schneiden.

BEAUTY-PLUS

Gesunde Müsliriegel mit Pistazien, die Mineralstoffe
und Vitamin A sind gut für eine geschmeidige Haut.
Getrocknete Kirschen mit viel Vitamin C fördern die
Kollagenbildung. Kakaonibs bringen zusätzliches
Magnesium und Zink für schöne Haare.

ROSMARINMANDELN

Kalorien
615
pro
100 g

ZUTATEN

5 g frischer Rosmarin

10 g Rohrohrzucker

10 g Meersalz

5 g Chilipulver

1 Bio-Ei
(davon das Eiweiß)

300 g Mandeln
(am besten mit Schale)

....

300 g
5 Minuten +
40 Minuten Backzeit

ZUBEREITUNG

Rosmarinnadeln von den Stielen zupfen und **20 Sekunden/ Stufe 9** zerkleinern.

Zucker, Meersalz, Chili, Eiweiß zugeben und **10 Sekunden/ Stufe 4** vermischen.

Dann die Mandeln zugeben und **10 Sekunden/Linkslauf/ Stufe 2** vermischen.

Die Mandeln auf einem Backblech ausbreiten und im vorgeheizten Backofen bei 150 °C Ober-/Unterhitze ungefähr 40 Minuten backen. Die Mandeln währenddessen zwei Mal wenden.

BEAUTY-PLUS

Mandeln sind reich an Vitamin E, Biotin und essenziellen Fettsäuren und helfen so die Haut geschmeidig zu halten. Am besten sind Mandeln mit Haut, da sich hier die meisten sekundären Pflanzenstoffe befinden.

GRÜNKOHLCHIPS

Kalorien
299
pro
Blech

ZUTATEN

300 g Grünkohl
ohne Stiele

50 g Sesam

1 Knoblauchzehe

30 g Hefeflocken

1 TL Meersalz

20 g Olivenöl

....

2 Backbleche
10 Minuten +
20 Minuten Backzeit

ZUBEREITUNG

Den Grünkohl waschen, trocken tupfen und die Blätter von den Stielen zupfen.

Den Sesam in den Mixtopf einwiegen und **10 Sekunden/ Stufe 8** mahlen.

Knoblauch zugeben und **5 Sekunden/Stufe 6** zerkleinern, anschließend herunterschieben.

Hefeflocken, Meersalz und Olivenöl zugeben und **5 Sekunden/ Stufe 4** verrühren.

Die Würzmischung über, die möglichst trockenen Grünkohlblätter geben. Mit den Händen einmassieren bis alle Blätter ummantelt sind.

Die Grünkohlchips im vorgeheizten Backofen bei 150 °C Umluft 15 – 20 Minuten backen. Alle 5 Minuten die Blätter wenden und unter Beobachtung weiterbacken, bis die Blätter knusprig sind.

Die Grünkohlchips vollständig auskühlen lassen und in einem luftdichten Glas aufbewahren.

BEAUTY-PLUS

Grünkohlchips werden im Backofen richtig knusprig und halten sich in Einmachgläsern wochenlang frisch. Eine gesunde Alternative zu frittierten Kartoffelchips mit einer Extraportion hautfestigendem Vitamin A und C. Sesam bringt zusätzliches Vitamin E für samtige Haut

TIPP

Pumpkin-Pie-Spice-Rezept
- 10 g Zimt
- 5 g gemahlener Ingwer
- 15 g Muskat
- 1 TL gemahlene Nelken

PUMPKIN-PIE-CHIA-PUDDING

Kalorien
420
pro Portion

ZUTATEN

350 g Nussmilch (Rezept siehe Seite 149)

80 g Kürbispüree

30 g Reissirup

Mark einer ½ Vanilleschote

2 TL Pumpkin-Pie-Spice

60 g Chiasamen

....

6 Gläser à 100 Milliliter
5 Minuten + über Nacht quellen lassen

ZUBEREITUNG

Alle Zutaten bis auf die Chiasamen in den Mixtopf einwiegen und **3 Minuten/50 °C/Linkslauf/Stufe 3** verrühren. Die Temperatur ist wichtig, damit sich der Reissirup auflöst und nicht am Mixtopfboden kleben bleibt.

Chiasamen in den Mixtopf einwiegen und **30 Sekunden/ Stufe 3/Linkslauf** verrühren.

Den Chiapudding auf 6 Portionsgläser aufteilen und für mindestens 4 Stunden, besser über Nacht im Kühlschrank quellen lassen.

BEAUTY-PLUS

Ein Pudding voll mit Omega-3-Fettsäuren für glatte Haut und Karotin aus dem Kürbis schützen die Haut. Dazu versorgen Chiasamen den Körper mit Magnesium und Mangan für gesunde Muskeln und Nerven. Ich bereite den Pudding gerne direkt für eine Woche vor, so habe ich immer eine gesunde Nascherei zur Hand, wenn der kleine Hunger kommt.

TIPP

Mit einer Kugel Frozen Joghurt servieren.

PFLAUMENCRUMBLE

ZUTATEN

450 g Pflaumen

50 g Brombeeren

Mark von
1 Vanilleschote

40 g Mandeln

50 g Kokoschips
(ungesüßt)

130 g Dinkelvollkorn-
mehl (Kokos- oder
Hafermehl als gluten-
freie Variante)

50 g kernige
Haferflocken

80 g Rohrohrzucker

80 g Kokosöl

1 TL Zimt

....

1 Auflaufform,
20 cm x 30 cm,
6 Portionen
10 Minuten +
20 Minuten Backzeit

ZUBEREITUNG

Pflaumen waschen und vierteln. Zusammen mit den geputzten Brombeeren in eine breite Auflaufform geben.

Die Vanilleschote aufschneiden, das Mark herauskratzen und zusammen mit der Schote unter das Obst mischen.

Mandeln und Kokoschips in den Mixtopf einwiegen und **20 Sekunden/Stufe 10** mahlen.

Restliche Zutaten in den Mixtopf geben und **20 Sekunden/Stufe 5** zu einem stückigen Mürbeteig verkneten.

Den Mürbeteig mit den Fingern über das Obst krümeln und anshließend im vorgeheizten Backofen bei 180 °C Ober-/Unterhitze 20 Minuten backen.

BEAUTY-PLUS

Die sekundären Pflanzenstoffe in Pflaumen, auch Anthocyane genannt, sind hervorragende Zellbeschützer und können mit ihrem hohen Kaliumgehalt Giftstoffe ausleiten. Mandeln versorgen den Körper mit viel Vitamin E für geschmeidige Haut.

TIPP

Auf dem Foto ist auf der Schoko-Nicecream noch eine halbe Portion pure Nicecream zu sehen. Also nur pürierte Bananen.

ERDNUSS-SCHOKO-NICECREAM

Kalorien
512
pro
Glas

ZUTATEN

200 g sehr reife
gefrorene Bananen

100 g sehr reife Banane

2 EL Erdnussbutter oder
1 EL Erdnusspulver

1 EL Rohkakao

1 EL Kakaonibs

....

1 großes Glas
5 Minuten

ZUBEREITUNG

Bananen in Stücken zusammen mit der Erdnussbutter und dem Kakao in den Mixtopf geben und **10 Sekunden/Stufe 6** pürieren. Falls die Nicecream jetzt noch sehr fest sein sollte, den Vorgang wiederholen.

Mit dem Spatel nach unten schieben, Kakaonibs zugeben und nochmals **5 Sekunden/Linkslauf/Stufe 6** pürieren.

BEAUTY-PLUS

Nicecream, ein super cremiges Eis ganz ohne Zucker und Sahne. Die Bananen sättigen mit guten Kohlenhydraten und bringen eine gute Portion Kalium für ein gesundes Herz mit. Die Erdnussbutter punktet mit Folsäure, B-Vitaminen und Vitamin E, das vor freien Radikalen schützt.

HUMMUS MIT HANFSAMEN

Kalorien
489
pro
Glas

ZUTATEN

1 Knoblauchzehe

5 g Hanföl

220 g gekochte
Kichererbsen (1 Glas)

30 g geschälte
Hanfsamen

1 TL Zitronensaft,
frisch gepresst

¼ TL Meersalz

....

1 Glas ca. 300 Milliliter
10 Minuten

ZUBEREITUNG

Den Knoblauch in den Mixtopf geben und **5 Sekunden/Stufe 6** zerkleinern, mit dem Spatel nach unten schieben.

Öl zugeben und **3 Minuten/120 °C (Varoma)/ Stufe 0,5** anbraten.

Kichererbsen in ein Sieb geben, gut mit Wasser durchspülen und abtropfen lassen.

Die restlichen Zutaten und 2 Esslöffel Wasser zugeben und **30 Sekunden/Stufe 5** pürieren. Den Hummus mit dem Spatel nach unten schieben und weitere **30 Sekunden/Stufe 5** pürieren.

BEAUTY-PLUS

Kichererbsen schmecken nicht nur sensationell lecker, gerade als Hummus mit Knoblauch. Sie versorgen unseren Körper mit Nährstoffen wie Mangan, das für ein straffes Bindegewebe verantwortlich ist. Hanf will uns mit Gamma-Linolensäure vor vorzeitiger Faltenbildung beschützen und mit samtig weicher Haut belohnen.

GRÜNKOHL-SMOOTHIE

Kalorien
337
pro
Glas

ZUTATEN

50 g Cashewkerne

25 g Grünkohl

300 g sehr reife
Bananen

Mark von
1 Vanilleschote

20 g getrocknete
Aprikosen

¼ TL Meersalz

½ TL Chlorella
(optional)

....

2 Gläser à 300 Milliliter
10 Minuten +
4 Stunden Einweichzeit

ZUBEREITUNG

Die Cashewkerne für 4 Stunden (oder besser über Nacht) in
Wasser einweichen.

Die Cashewkerne abgießen und mit den restlichen Zutaten
und 300 g Wasser in den Mixtopf einwiegen und **1 Minute/
Stufe 10** pürieren.

Auf Eiswürfel servieren.

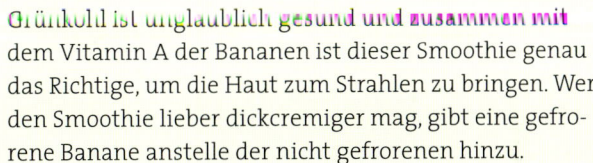

BEAUTY-PLUS

Grünkohl ist unglaublich gesund und zusammen mit
dem Vitamin A der Bananen ist dieser Smoothie genau
das Richtige, um die Haut zum Strahlen zu bringen. Wer
den Smoothie lieber dickcremiger mag, gibt eine gefrorene Banane anstelle der nicht gefrorenen hinzu.

ZELLSCHUTZ-SMOOTHIE

Kalorien
219
pro
Glas

ZUTATEN

250 g Grapefruit

½ Granatapfel
(alternativ 100 ml
Granatapfelsaft)

250 g TK-Beeren

200 g Joghurt

2 EL Chiasamen

½ TL Zimt

....

2 Gläser à 300 Milliliter
15 Minuten

ZUBEREITUNG

Grapefruit schälen und in Stücke schneiden.

Granatapfel halbieren und Kerne herauslösen.

Alle Zutaten in den Mixtopf einwiegen und **1 Minute/
Stufe 10** pürieren.

BEAUTY-PLUS

Dieser Smoothie ist vollgepackt mit Vitamin C. Es ist das
Schutzvitamin des Immunsystems und unterstützt die
Fettverbrennung. Chia reichert den Smoothie mit gesun-
den Omega-3-Fettsäuren an.

BROKKOLI-ANANAS-SMOOTHIE

ZUTATEN

150 g Brokkoli

300 g geschälte Ananas

40 g Limettensaft, frisch gepresst

2 Medjool-Datteln

200 g Kokosmilch

....

2 Gläser à 300 Milliliter
15 Minuten

ZUBEREITUNG

Den Stiel vom Brokkoli abschneiden, schälen und in Stücken in den Mixtopf einwiegen. Mit den Brokkoliröschen auffüllen.

Die Ananas schälen, den Strunk entfernen und in Stücken in den Mixtopf geben.

Die restlichen Zutaten zugeben und **1 Minute/Stufe 10** pürieren.

BEAUTY-PLUS

Ein Smoothie, der möglichst frisch getrunken werden sollte, da der Brokkoli sonst die Überhand gewinnt. Direkt gemixt liefert er viele Mineralstoffe und sorgt mit reichlich Folsäure für eine gute Zellteilung

APFEL-FENCHEL-SMOOTHIE

Kalorien
99
pro
Glas

ZUTATEN

100 g Fenchel

250 g Apfel

150 g Gurke

30 g Zitronensaft

....

2 Gläser à 300 Milliliter
10 Minuten

ZUBEREITUNG

Den Fenchel waschen, Wurzelansatz zurückschneiden und die braunen Stellen abschälen.

Apfel und Gurke waschen und in Stücke schneiden.

Alle Zutaten mit 200 g kaltem Wasser in den Mixtopf einwiegen und **90 Sekunden/Stufe 10** pürieren.

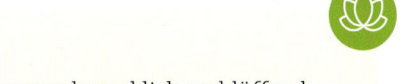

BEAUTY-PLUS

Apfel und Fenchel passen geschmacklich verblüffend gut zusammen. Durch die Äpfel wird der Smoothie schön dickflüssig und hält lange satt. Dazu bringen die Äpfel den Inhaltsstoff Quercetin mit, der freie Radikale im Körper fängt und somit den oxidativen Stress der Körperzellen verringert.

ROTE-BETE-SMOOTHIE

Kalorien
207
pro
Glas

ZUTATEN

30 g Leinsamen

2 Saftorangen

60 g rohe Rote Bete

20 g getrocknete Maul-
beeren (alternativ
1 Dattel)

200 g gefrorene
Erdbeeren

....

2 Gläser à 300 Milliliter
10 Minuten

ZUBEREITUNG

Leinsamen in den Mixtopf einwiegen und **10 Sekunden/
Stufe 10** mahlen.

Orangen auspressen und Rote Bete schälen.

Die restlichen Zutaten in den Mixtopf einwiegen und dann
1 Minute/Stufe 10 mixen.

BEAUTY-PLUS

Ein Vitamin-C-Supersmoothie! Rote Bete, Orangen und
Erdbeeren liefern Unmengen an Vitamin C und fördern
ein ebenmäßiges, straffes Hautbild. Die Maulbeeren süßen nicht nur gesund, sondern liefern Vitamine, Mineralstoffe und pflanzliches Eiweiß.

BEAUTY-PLUS SCHOKOLADEN-SMOOTHIE

Ein Glas voll mit flüssigem Keksteig der rundrum zufrieden und glücklich macht, ganz ohne schlechtes Gewissen. Paranüsse unterstützen mit Selen den Aufbau von Kollagen. Mit den gesunden Fetten des Mandeldrinks und Kokosnuss wird die Haut glatt und geschmeidig.

TIPP

Die Nussmilch kann mit Gewürzen wie Zimt, Vanille oder Tonkabohne aromatisiert werden.

SCHOKOLADEN-SMOOTHIE

ZUTATEN

40 g Paranüsse

300 g Mandeldrink

80 g Medjool Datteln

150 g reife Birne

40 g frische Kokosnuss
(alternativ 30 g Kokos-
milch)

30 g Kakaonibs

....

2 Gläser à 300 Milliliter
5 Minuten

ZUBEREITUNG

Die Paranüsse in den Mixtopf wiegen und **5 Sekunden/ Stufe 8** mahlen.

Mandeldrink zugeben und **10 Sekunden/Stufe 10** pürieren, so wird der Smoothie später extracremig.

Datteln entkernt, Birne in Stücke geschnitten und Kokosfleisch zugeben und **1 Minute/Stufe 10** pürieren

Kakaonibs zugeben und **10 Sekunden/Stufe 10** mixen.

NUSSMILCH

ZUTATEN

60 g rohe Nüsse (z. B.
Cashewkerne, Mandeln
oder Macadamia)

....

1 Liter
5 Minuten + über Nacht
einweichen lassen

ZUBEREITUNG

Nüsse und ca. 1 l Einweichwasser in ein Einmachglas füllen und über Nacht ziehen lassen.

Am nächsten Tag die Nüsse abgießen und anschließend mit kaltem Wasser spülen.

Nüsse mit einem 1 kg kalten Wasser in den Mixtopf geben **1 Minute/ Stufe 10** pürieren.

Die Nussmilch durch ein Haarsieb gießen, das ist bei der Cashewmilch nicht unbedingt notwendig.

BEAUTY-PLUS

Nüsse sind hervorragende Lieferanten für Vitamin E, Biotin, Eisen und Kupfer, die für strahlende Haut sorgen.

PAPAYA-SMOOTHIE

Kalorien
124
pro
Portion

ZUTATEN

150 g Papaya ohne Kerne

10 g frisches Kurkuma

10 g frischer Ingwer

150 g Mandarinensaft
mit Fruchtfleisch (alter-
nativ Clementinen)

20 g Zitronensaft,
frisch gepresst

100 g Möhre

2 TL Kokosöl

100 g Birkenwasser
(alternativ Wasser)

....

2 Gläser à 300 Milliliter
10 Minuten

ZUBEREITUNG

Papaya halbieren und Kerne mit einem Löffel herausschaben.

Kurkuma und Ingwer schälen.

Mandarinen und Zitrone auspressen.

Alle Zutaten bis auf das Birkenwasser in den Mixtopf geben und **5 Sekunden/Stufe 6** zerkleinern.

Birkenwasser in den Mixtopf geben und **1 Minute/Stufe 10** mixen.

BEAUTY-PLUS

Ein Smoothie voller Karotin, wie man an der leuchtend orangenen Farbe erkennen kann. Karotin soll nicht nur die Sehkräft stärken, sondern schützt auch die Haut vor schädlichen Sonnenstrahlen. Da es nur in Fett gelöst werden kann, braucht dieser Smoothie ein wenig Nachhilfe in Form von Kokosöl.

TIPP

Anstelle einer Medjool-Dattel kann man auch eine andere Dattel nehmen, die zuvor 10 Minuten in warmem Wasser eingeweicht wurde.

RUCOLA-SMOOTHIE

Kalorien
179
pro
Glas

ZUTATEN

120 g reife Birne

300 g Apfel

1 Medjool-Dattel

15 g Hanfsamen

30 g Rucola

40 g Limettensaft

....

2 Gläser à 300 Milliliter

10 Minuten

ZUBEREITUNG

Birne und Apfel vierteln und das Kerngehäuse herausschneiden.

Dattel halbieren und Kern entfernen.

Alle Zutaten in den Mixtopf geben und **1 Minute/Stufe 10** mixen.

BEAUTY-PLUS

Ein Smoothie ganz nach meinem Geschmack, schön herb und frisch. Rucola kann durch seinen Vitamin-C-Gehalt Feuchtigkeit in der Haut binden und sorgt so für ein strahlendes Aussehen.

SACHREGISTER

DANKSAGUNG

Ich möchte mich bei meinen Großmüttern bedanken, denn sie haben mich fürs Kochen begeistert. Zu jeder Zeit durfte ich in die Töpfe schauen, probieren und zuschauen, was in der Küche vor sich ging. Meine Oma mütterlicherseits war eine richtige Hausfrau, mit Gemüsegarten und richtigen Rezepten, dort gab es richtige Hausmannskost. Es war so schön zu sehen, was aus den frischen Zutaten mit ein paar Handgriffen wurde. Aus einfachen grünen Bohnen wurden aromatische Schnibbelbohnen mit dampfend heißen Kartoffeln.

Die Mutter meines Vaters war da ganz anders. Hier kamen schon immer die verrücktesten Gerichte auf den Tisch, heute würde man dies wahrscheinlich als Fusionküche „Asia trifft Schweineschulter" bezeichnen. In ihrer Küche gab es keine festen Regeln, hier haben wir experimentiert, was die Vorratskammer hergab.

Diese Art zu kochen begeistert mich noch heute, auch wenn das Ergebnis manchmal etwas eigentümlich schmeckt.

Obwohl, eigentlich muss ich mich bei allen Frauen in meiner Familie bedanken, denn jede hat auf ihre Art dazu beigetragen, dass ich heute so gerne in der Küche stehe. Bei allen habe ich mir das ein oder andere abgeschaut oder mich zu neuen Rezepten inspirieren lassen. In jeder Küche haben andere Zutaten ihren festen Platz im Vorratsschrank, jede hat ihre Lieblingsrezepte und so hat sich meine Art zu kochen ständig verändert und tut es auch heute noch.

Mit dem Kochen und Backen verbinde ich jede Menge wunderschöne Erinnerungen, an meine Familie und Freunde. Es bringt alle zusammen an einen Tisch und verbreitet ein behagliches Gefühl. Kochen ist für mich Heimat!

ÜBER DIE AUTORIN

Heike Niemoeller zeigt seit 2014 auf ihrem Blog www.relleomein.de leckere Rezeptideen. Wie praktisch ein Thermomix sein kann, hat sie bereits vor ihrem neuen Job als Mama erkannt. In diesem Buch hat sie gesunde und leckere Rezepte zusammengestellt, die leicht nachzukochen sind.

NOCH MEHR SCHÖNE BÜCHER

Schlank und schön – Beauty-Food
ISBN: 978-3-86355-915-1
15,00 € (D) / 15,50 € (A)

The new taste – 100 frische Rezepte für die Thermo-Küchenmaschine
ISBN: 978-3-86355-805-5
24,99 € (D) / 25,70 € (A)

California Cuisine
ISBN: 978-3-86355-920-5
25,00 € (D) / 25,70 € (A)

IMPRESSUM

Bibliografische Information der Deutschen Bibliothek.

Die Deutsche Bibliothek verzeichnet diese Publikation in der Deutschen National-
bibliografie.

Detaillierte bibliografische Daten sind im Internet über http://www.dnb.de/ abrufbar.

Die angegebenen Kalorienangaben der Rezepte sind nur Richtwerte, da Lebensmittel
Schwankungen aufgrund von unterschiedlichem Klima und Bodenbeschaffenheit, An-
baumethoden, Haltung und Fütterung unterliegen.

Bei der Verwendung im Unterricht ist auf dieses Buch hinzuweisen.

EIN BUCH DER EDITION MICHAEL FISCHER

1. Auflage 2018

© 2018 Edition Michael Fischer GmbH, Donnersbergstraße 7, 86859 Igling

Covergestaltung und Layout: Verena Raith

Satz: Meritt Hettwer

Produktmanagement: Juliane Rottach, Anne-Katrin Brode

Coverfoto: Nadja Buchzcik, Bielefeld

Texte: Christina Wiedemann (S. 8–55), Heike Niemoeller (S. 4/5, 60–153, 158)

Fotografie: Nadja Buchzcik, Bielefeld (S. 17, 18, 23, 28, 33, 38, 43), Heike Niemoeller, Dietzenbach (S. 5, 36, 57, 60–153)

Autorenporträt: Thomas Rizzi, Dietzenbach

Foodstyling: Anton Enns, Bielefeld (Cover, S. 17, 18, 23, 28, 33, 38, 43), Heike Niemoeller (S. 5,
36, 57, 60–153)

ISBN 978-3-96093-170-6

Gedruckt bei Polygraf Print, Čapajevova 44, 08001 Prešov, Slowakei

www.emf-verlag.de